梁啓超 著

飲冰室合集

專集

第二十二册

中華書局

飲冰室專集之九十六

陶淵明

自序

欲治文學史。宜先刺取各時代代表之作者。察其時代背景與夫身世所經歷。了解其特性及其思想之淵源及感受。吾夙有志於是。所從鶩者衆。病未能也。客冬養痾家居。誦陶集自娛。輒成論陶一篇。陶年譜一篇。陶集考證一篇。更有陶集私定本。以吾所推證者重次其年月。其詩之有史蹟可稽者爲之解題。但未敢自信。僅將彼三篇布之云爾。論屈原一篇久寫成。中有欲改定者。且緩之。其覃及諸家。則視將來興之所至何如也。十二年四月一日啓超記。

飲冰室專集之九十六

陶淵明

陶淵明之文藝及其品格

一

批評文藝有兩個著眼點。一是時代心理。二是作者個性。古代作家能彀在作品中把他的個性活現出來的。屈原以後。我便數陶淵明。

漢朝的文學家——司馬相如揚雄班固張衡之類。大抵以作「賦」著名。最傳誦的幾篇賦。都帶點子字書或類書的性質。很難在裏頭發見出什麼性靈。五言詩和樂府。雖然在漢時已經發生。但那些好的作品。大半不能得作者主名。李陵蘇武倡和詩之靠不住。固不消說。玉臺新詠裏頭所載枚乘傳毅各篇。文選便不記撰人名氏。可見現存的漢詩什有九和詩經的國風一樣。連撰人帶時代都不甚分明。我們若貿貿然據後代選本所指派的人名。認定某首詩是某人所作。我覺得很危險。就令有幾首可以證實。然而片鱗單爪。也不能推定作者面目。所以兩漢四百年間文學界的個性作品。我雖不敢說是沒有。但我也不敢說有那幾家。我們確實可以推論。詩的家數。應該從「建安七子」以後。論起七子中曹子建王仲宣作品比較的算最多。往後便數阮嗣宗陸士衡潘安仁陶淵明謝康樂顏延年鮑明遠謝玄暉……等。這些人都有很豐富的資料供我們研究。但我以爲想研究出一位文學家的個性卻要他作品中含有下列兩種條件第一要「不共」怎樣叫做不共呢要他的作品完全脫離摹仿的套調不是能和別人共有就這一點論像「建安七子」就難看出各人個性曹子植子建兄弟王仲宣阮元瑜彼此都差不多（也許是我學力淺看不出他們的分別）我們讀了只能看出「七子的詩風」很難看出那一位的詩格第二要「眞」這樣纔算眞呢要絕無一點矯揉彫飾把作者的實感赤裸裸地全盤表現就這一點論像潘陸鮑謝都太注重詞藻了總有點像塗脂抹粉的佳人把眞面目藏去幾分所以我覺得唐以前的詩人眞能把他的個性整個端出來和我們相接觸的只有阮步兵和陶彭澤兩個人而陶尤爲甘脆鮮明所以我最崇拜他而且大著膽批評他但我於批評之前尚須聲明一句這位先生身分太高了原來用不著我們恭維從前批評的人也很多我所說的未必有多少能出古人以外至於對不對更不敢自信了

二

陶淵明生於東晉咸安二年壬申卒於宋元嘉四年丁卯（西紀三七二——四二七）他的曾祖是歷史上有名的陶侃官至八州都督封長沙郡公在東晉各位名臣裏頭算是氣魄最大品格最高的一個人淵明命子詩頌揚他的功德說道『功遂辭歸臨寵不忒孰謂斯心而近可得』陶侃有很烜赫的功名這詩卻專崇拜他「功遂辭歸」這一點可以見淵明少年志趣了（命子詩是少作）他祖父和父親都做過太守命子詩說他父親『寄跡風雲寘茲慍喜』想來也是一位胸襟很闊的人他的外祖父孟嘉是陶侃女壻——他的外祖母也卽他的祖姑淵明曾替孟嘉作傳說他『行不苟合言無夸矜未嘗有喜慍之容好酣飲逾多不亂至於任懷得

意融然遠寄，傍若無人。』我們讀這篇傳，覺得孟嘉活是一個淵明小影。淵明父母兩系都有這種遺傳，可見他那高尚人格，是從先天得來了。——以上說的是陶淵明的家世。

東晉一代政治，常常有悍將搆亂，跟著也有名將定亂，所以向來政象雖不甚佳，也還保持水平線以上的地位。到淵明時代卻不同了，謝安謝玄一輩名臣相繼彫謝，淵明二十歲到三十歲這十年間，都是會稽王司馬道子和他的兒子元顯柄國，很象清末慶親王奕劻和他兒子載振一般，招權納賄，弄得政界混濁不堪，各地擁兵將帥互爭雄長。到淵明三十一歲時，桓玄把道子殺了，明年便篡位，跟著劉裕起兵討滅桓玄，像有點中興氣象，中間平南燕，平姚秦，把百餘年間五胡蹂躪的山河，總算恢復一大半轉來。可惜劉裕做皇帝的心事太迫切，等不到完全成功，便引軍南歸，中原旋復陷沒。淵明五十歲那年，劉裕篡晉爲宋。過六年，淵明便死了。

淵明少年，母老家貧，想靠做官得點俸祿，當桓玄未篡位以前，曾做過劉牢之的參軍，約摸三年，和劉裕是同僚。到劉裕討滅桓玄之後，又曾做過劉敬宣的參軍，又做過彭澤令，首尾僅一年多，從此便浩然歸去，終身不仕。有名的歸去來辭，便是那年所作，其時淵明不過三十四歲。蕭統作淵明傳，謂『自以曾祖晉世宰輔，恥復屈身後代，自宋高祖王業漸隆，不復肯仕。』其實淵明只是看不過當日仕途的混濁，不屑與那些熱官爲伍，倒不在乎劉裕的王業隆與不隆。若說專對劉裕嗎，淵明辭官那年，正是劉裕撥亂反正的第二年，何以見得他不能學陶侃之功遂辭歸，便料定他二十年後會篡位呢。本集感士不遇賦的序文說道：『自眞風告逝，大僞斯興，閭閻懈廉退之節，市朝驅易進之心。』當時士大夫浮華奔競，廉恥掃地，是淵明最痛心的事。他縱然沒有力量移風易俗，起碼也不肯同流合污，把自己人格喪掉。這是淵明棄官最主要的動機。從他的詩文中，到處都看得出來。若說所爭在什麼姓司馬的姓劉的。未免把他看小了。——以上說的是陶淵明的時代。

北襟江。東南吸鄱陽湖。有『以雲爲衣』『萬古青濛濛』的五老峯。有『海風吹不斷山月照還空』的香爐瀑布。到處溪聲。像賣弄他的「廣長舌」。無日無夜。幾千年在那裏說法。丹的黃的紫的綠的……雜花。四時不斷。像各各抖擻精神替山容打扮。青脆美麗的小鳥兒。這裏一羣。那裏一隊。成天價合奏音樂。卻看不見他們的歌舞劇場在何處。呵呵。這便是。——一千多年來詩人謳歌的天國——廬山了。山麓的西南角——離歸宗寺約摸二十多里。一路上都是『溝塍刻鏤原隰龍鱗。五穀垂穎。桑麻鋪棻。』三里五里一個小村莊。那莊家人老的少的村的俏的。早出晚歸做他的工作。像十分感覺人生的甜美。中間有一道溫泉。泉邊的草。像是有人天天梳剪他。蔥蒨整齊得可愛。那便是栗里——便是南村了。再過十來里。便是柴桑口。是那『雄姿英發』的周郎談笑破曹的策源地。也卽絕代佳人陶淵明先生生長、釣游、永藏的地方了。我們國裏頭四川和江西兩省。向來是產生大文學家的所在。陶淵明便是代表江西文學第一個人。——以上說的是陶淵明的鄉土。

三國兩晉以來之思想界。因爲兩漢經生破碎支離的反動。加以時世喪亂的影響。發生所謂談玄學風。要從易經老莊裏頭找出一種人生觀。這種人生觀有點奇怪。一面極端的悲觀。一面從悲觀裏頭找快樂。我替他起一個名叫做「厭世的樂天主義。」這種人生觀披折到根柢到底有無好處。另是一個問題。但當時應用這種人生觀的人。很給社會些不好影響。因爲萬事看破了。實際上仍找不出個安心立命所在。十有九便趨於頹廢墮落一途。兩晉社會風尚之壞。未始不由此。同時另外有一種思潮從外國輸入的。便是佛教。佛教雖說漢末已經傳到中國。但認眞研究教理組成系統。實自鳩摩羅什以後。羅什到中國。正當淵明辭官歸田那一年。（晉義熙元年苻秦光始五年)同時有一位大師慧遠在廬山的東林結社說法三十多年．東林與淵明住的栗里．相隔不過二十多里．淵明和慧遠方外至交常常來往．淵明本是儒家出身律己甚嚴．從不肯有一毫苟且卑鄙放蕩的舉動．一面卻又受了當時玄學和慧遠一班佛教徒的影響．形成他自己獨得的人生見解．在他文學作品中充分表現出來．——以上說的是陶淵明那時的時代思潮．

三

陶淵明之沖遠高潔．盡人皆知．他的文學最大價值也在此．這一點容在下文詳論．但我們想覷出淵明整個人格．我以爲有三點應先行特別注意．

第一須知他是一位極熱烈極有豪氣的人．他說．

『憶我少壯時．無樂自欣豫．猛志逸四海．騫翮思遠翥．』雜詩

又說．

『少時壯且厲．撫劍獨行游．』擬古

這些詩都是寫自己少年心事．可見他本來意氣飛揚不可一世．中年以後．漸漸看得這惡社會沒有他施展的餘地了．他發出很感慨的悲音道．

『日月擲人去．有志不獲騁．感此懷悲悽．終曉不能靜．』雜詩

直到晚年．這點氣概也並不衰減．在極閑適的詩境中．常常露出些奇情壯思來．如讀山海經十三首裏說道．

『精衛銜微木。將以塡滄海。刑天舞干戚。猛志固常在。』讀山海經

又說。

『夸父誕宏志。乃與日競走。……餘跡寄鄧林。功竟在身後。』同上

讀山海經是集中最浪漫的作品。所以不知不覺把他的「潛在意識」衝動出來了。又如擬古九首裏頭的一首。

『辭家夙嚴駕。當往至無終。問君今何行。非商復非戎。聞有田子泰。節義爲士雄。其人久已死。鄉里習其風。生有高世名。既沒傳無窮。不學狂馳子。直在百年中。』

又如詠荊軻那首。

『燕丹善養士。志在報强嬴。招集百夫良。歲暮得荊卿。君子死知己。提劍出燕京。素驥鳴廣陌。慷慨送我行。雄髮指危冠。猛氣衝長纓。飲餞易水上。四座列羣英。漸離擊悲筑。宋意唱高聲。蕭蕭哀風逝。淡淡寒波生。商音更流涕。羽奏壯士驚。心知去不歸。且有後世名。登車何時顧。飛蓋入秦庭。凌厲越萬里。逶迤過千城。圖窮事自至。豪主正怔營。惜哉劍術疎。奇功遂不成。其人雖已沒。千載有餘情。』

他所崇拜的是田疇、荊軻一流人。可以見他的性格是那一種路數了。朱晦庵說。『陶卻是有力。但詩健而意閑。隱者多是帶性負氣之人。』此語眞能道著癢處。要之淵明是極熱血的人。若把他看成冷面厭世一派。那便大錯了。

* * * * *

第二須知他是一位纏綿悱惻最多情的人讀集中祭程氏妹文祭從弟敬遠文與子儼等疏可以看出他家庭骨肉間的情愛熱烈到什麼地步因爲文長這裏不全引了

他對於朋友的情愛又眞率又穠摯如移居篇寫的

『春秋多佳日登高賦新詩過門更相呼有酒斟酌之農務各自歸閑暇輒相思相思則披衣言笑無厭時……

……』

一種親厚甜美的情意讀起來眞活現紙上他那『閑暇輒相思』的情緒有停雲一首寫得最好

『停雲思親友也罇湛新醪園列初榮願言弗從歎息彌襟』

『靄靄停雲濛濛時雨八表同昏平路伊阻靜寄東軒春醪獨撫良朋悠邈搔首延佇』

『停雲靄靄時雨濛濛八表同昏平陸成江有酒有酒閑飲東窗願言懷人舟車靡從』

『東園之樹枝條再榮競用新好以招余情人亦有言日月于征安得接席說彼平生』

『翩翩飛鳥息我庭柯斂翮閑止好聲相和豈無他人念子實多願言不獲抱恨如何』

這些詩眞算得溫柔敦厚情深文明了

集中送別之作不甚多內中如答龐參軍的結句『情通萬里外形跡滯江山君其愛體素來會在何年』只是很平淡的四句讀去覺得比千尺的桃花潭水還情深哩

集中寫男女情愛的詩一首也沒有因爲他實在沒有這種事實但他卻不是不能寫閑情賦裏頭『願在衣而爲領……』底下一連疊十句『願在……而爲……』熨貼深刻恐古今言情的豔句也很少比得上因爲他

心苗上本來有極溫潤的情緒。所以要說便說得出。

宋以後批評陶詩的人。最恭維他「恥事二姓」。幾乎首首都是惓念故君之作。這種論調。我們是最不贊成的。但以那麼高節那麼多情的陶淵明。看不上那「欺人孤兒寡婦取天下」的新主。對於已覆滅的舊朝不勝眷戀。自然是情理內的事。依我看擬古九首。確是易代後傷時感事之作。內中兩首。

『榮榮牕下蘭。密密堂前柳。初與君別時。不謂行當久。出門萬里客。中道逢嘉友。未言心相醉。不在接杯酒。蘭枯柳亦衰。遂令此言負。多謝諸少年。相知不忠厚。意氣傾人命。離隔復何有。』

『仲春遘時雨。始雷發東隅。衆蟄各潛駭。草木從橫舒。翩翩新來燕。雙雙入我廬。先巢故尚在。相將還舊居。自從分別來。門庭日荒蕪。我心固匪石。君情定何如。』

這些詩都是從深痛幽怨發出來。個個字帶著淚痕。和祭妹文一樣的情操。顧亭林批評他道。『淡然若忘於世。而感憤之懷。有時不能自止。而微見其情者。眞也。』這話眞能道出淵明眞際了。

* * * * *

第三須知他是一位極嚴正——道德責任心極重的人。他對於身心修養。常常用功。不肯放鬆自己。集中有榮木一篇。自序云。『榮木念將老也。日月推遷。已復九夏。總角聞道。白首無成。』那詩分四章。末兩章云。

『嗟予小子。禀玆固陋。徂年既流。業不增舊。志彼不舍。安此日富。我之懷矣。怛焉內疚。

先師遺訓。余豈云墜。四十無聞。斯不足畏。脂我名車。策我名驥。千里雖遙。孰敢不至。』

這首詩從詞句上看來。當然是四十歲以後所作。又飲酒篇『少年罕人事。游好在六經。行行向不惑。淹留竟無成。』雜詩『前途當幾許，未知止泊處。古人惜寸陰。念此使人懼。』也是同一口吻。淵明得壽僅五十六歲。這些詩都是晚年作品。你看他進德的念頭何等懇切。何等勇猛。許多有暮氣的少年。眞該愧死了。

他雖生長在玄學佛學雰圍中。他一生得力處和用力處。卻都在儒學。飲酒篇末章云

『羲農去我久。舉世少復眞。汲汲魯中叟。彌縫使其淳。鳳鳥雖不至。禮樂暫得新。洙泗輟微響。漂流逮狂秦。詩書復何罪。一朝成灰塵。區區諸老翁。爲事誠殷勤。如何絕世下。六籍無一親。終日馳車走。不見所問津。……』

當時那些談玄人物。滿嘴裏淸靜無爲。滿腔裏聲色貨利。淵明對於這班人最是痛心疾首。叫他們做『狂馳子』說他們『終日馳車走。不見所問津。』簡單說就是可憐他們整天價說的話絲毫受用不著。他有一首詩對於當時那種病態的思想表示懷疑態度。說道。

『蒼蒼谷中樹。冬夏常如茲。年年見霜雪。誰謂不知時。厭聞世上語。結友到臨淄。稷下多談士。指彼決吾疑。裝束既有日。已與家人辭。行行停出門。還坐更自思。不畏道里長。但畏人我欺。萬一不合意。永爲世笑嗤。伊懷難具道。爲君作此詩。』（擬古）

這首詩和屈原的卜居用意差不多。只是表明自己有自己的見解。不願意隨人轉移。他又說

『行止千萬端。誰知非與是。是非苟相形。雷同共譽毀。三季多此事。達者似不爾。咄咄俗中愚。且當從黃綺。』

（飲酒）

這是對於當時那些「借曠達出鋒頭」的人施行總彈劾。他們是非雷同說的天花亂墜。在淵明眼中只算是

「俗中愚」罷了．淵明自己怎麼樣呢．他只是平平實實將儒家話身體力行．他說．

「先師有遺訓．憂道不憂貧．瞻望邈難逮．轉欲志長勤．」（癸卯歲始春懷古田舍）

又說．

「歷覽千載書．時時見遺烈．高操非所攀．謬得固窮節．」（癸卯歲十二月中作與從弟敬遠）

他一生品格立脚點．大略近於孟子所說『有所不爲』『不屑不潔』的狷者．到後來操養純熟．便從這裏頭發現出人生眞趣味來．若把他當作何晏王衍那一派放達名士看待．又大錯了．

以上三項都是陶淵明全人格中潛伏的特性．先要看出這個．纔知道他外表特性的來歷．

四

淵明一世的生活．眞算得最單調的了．老實說．他不過廬山底下一位赤貧的農民．耕田便是他唯一的事業．他這種生活．雖是從少年已定下志趣．但中間也還經過一兩回波折．因爲他實在窮得可憐．所以也曾轉念頭想做官混飯喫．但這種勾當和他那『不屑不潔』的脾氣．到底不能相容．他精神上很經過一番交戰．結果覺得做官混飯喫的苦痛．比捱餓的苦痛還厲害．他纔決然棄彼取此．有名的歸去來兮辭序．便是這段事實和這番心理的自白．其全文如下．

「余家貧．耕植不足以自給．幼稚盈室．缾無儲粟．生生所資．未見其術．親故多勸余爲長吏．脫然有懷．求之靡途．會有四方之事．諸侯以惠愛爲德．家叔以余貧苦．遂見用於小邑．於時風波未靜．心憚遠役．彭澤去家百里。公田之利足以為潤。故便求之少日。眷然有歸與之情。何則質性自然。非矯厲所得。飢凍雖切。違己交病。嘗從人事皆口腹自役。於是悵然慷慨。深愧平生之志。猶望一稔。當斂裳宵逝。尋程氏妹喪於武昌。情在駿奔。自免去職。仲秋至冬。在官八十餘日。因事順心。命篇曰歸去來兮。乙巳歲十一月也。』

這篇小文雖極簡單極平淡。卻是淵明全人格最忠實的表現。蘇東坡批評他道『欲仕則仕。不以求之為嫌。欲隱則隱。不以去之為高。』這話對極了。古今名士多半眼巴巴釘著富貴利祿。卻扭扭捏捏說不願意幹。論語說的『舍曰欲之而必為之辭。』這種醜態最為可厭。再者丟了官不做也不算什麼稀奇的事。被那些名士自己標榜起來。說如何如何的清高。實在適形其鄙。二千年來文學的價值。被這類人的鬼話糟塌盡了。淵明這篇文。把他求官棄官的事實始末和動機赤裸裸照寫出來。一毫掩飾也沒有。這樣的人。纔是「眞人」。這樣的文藝。纔是「眞文藝」。後人硬要說他什麼「忠愛」。什麼「見幾」。什麼「有託而逃」。卻把妙文變成「司空城旦書」了。

乙巳年之棄官歸田。確是淵明全生涯中之一個大轉捩。從前他的生活還在漂搖不定中。到這會纔算定了。但這個「定」字實屬不易。他是經過一番精神生活的大奮鬬纔換得來。他說『悵然慷慨。深愧平生之志。』歸去來辭本文中又說『既自以心為形役。奚惆悵而獨悲。』可見他當做官的時候。實感覺無限痛苦。他當頭一回出佐軍幕時做的詩。說道『望雲慚高鳥。臨水媿游魚。』到晚年追述舊事的詩。也說道『疇昔苦長飢。投耒去學仕。將卷不得節。凍餒固纏已。是時向立年。志意多所恥。遂盡介然分。拂衣歸田里。』就常人眼光看來。做官也不是什麼對不住人的事。有什麼可慚可愧可恥可悲呀。呵呵。大文學家眞文學家和我們不同的就在這一點．他的神經極銳敏．別人不感覺的苦痛他會感覺．他的情緒極熱烈．別人受苦痛擱得住．他卻擱不住．淵明在官場裏混那幾年．像一位『一生兒愛好是天然』的千金小姐．強逼著去倚門賣笑．那種慚恥悲痛．眞是深刻入骨．一直到擺脫過後．纔算得著精神上解放了．所以他說『覺今是而昨非．』

何以見得他的生活是從奮鬭得來呢．因爲他物質上的境遇．眞是難堪到十二分．他卻能始終抵抗．沒有一毫退屈．他集中屢屢實寫飢寒狀況．如雜詩云．

『代耕本所望．所業在田桑．躬親未曾替．寒餒常糟糠．豈期過滿腹．但願飽粳糧．御冬足大布．麤絺以應陽．政爾不能得．哀哉亦可傷．……』

有會而作篇的序文云．

『舊穀既沒．新穀未登．頗爲老農．而值年災．日月尙悠．爲患未已．登歲之功．既不可希．朝夕所資．煙火裁通．旬日已來．始念飢乏．歲云夕矣．慨然永懷．今我不述．後生何聞哉．』

詩云．

『弱年逢家乏．老至更長飢．……餒也已矣夫．在昔余多師．』

怨詩楚調篇云．

『……炎火屢焚如．螟蜮恣中田．風雨縱橫至．收斂不盈廛．夏日長抱飢．寒夜無被眠．造夕思鷄鳴．及晨願烏遷．（按此二語言夜則願速及旦．旦則願速及夜．皆極寫日子之難過．）……』

尋常詩人歎老嗟卑．無病呻吟．許多自己發牢騷的話．大半言過其實．我們是不敢輕信的．但對於陶淵明不能不信，因為他是一位最真的人。我們從他全部作品中可以保證，他真是窮到徹骨，常常沒有飯吃，那乞食篇說的。

『飢來驅我去，不知竟何之，行行至斯里，叩門拙言辭，主人知余意，投贈副虛期，談諧終日夕，觴至輒傾巵，情欣新知歡，興言遂賦詩，感子漂母惠，媿我非韓才，銜戢知何謝，冥報以相貽』

乞食乞得一頓飯，感激到他『冥報相貽』的話，你想這種情況可憐到什麼程度，但他的飯肯胡亂吃嗎，哼哼，他決不肯。本傳記他一段故事道『江州刺史檀道濟往候之，偃臥瘠餒有日矣，道濟謂曰「賢者處世，天下無道則隱，有道則至，今子生文明之世，奈何自苦如此」對曰「潛也何敢望賢，志不及也」道濟饋以粱肉，麾而去之』他並不是好出圭角的人，待人也很和易，但他對於不願意見的人，不願意做的事，寧可餓死也不肯絲毫遷就。孔子說的『志士不忘在溝壑』他一生做人的立腳全在這一點。飲酒篇中一章云。

『清晨聞叩門，倒裳往自開，問子為誰歟，田父有好懷，壺漿遠見候，疑我與時乖，「襤縷茅簷下，未足為高棲，一世皆尚同，願君汨其泥」深感父老言，稟氣寡所諧，紆轡誠可學，違己詎非迷，且共歡此飲，吾駕不可回。』

這些話和屈原的卜居漁父一樣心事，不過屈原的骨鯁顯在外面，他卻藏在裏頭罷了。

五

檀道濟說他『奈何自苦如此』他到底苦不苦呢，他不惟不苦，而且可以說是世界上最快樂的一個人，他最能領略自然之美。最能感覺人生的妙味。在他的作品中。隨處可以看得出來。如讀山海經十三首的第一首。

『孟夏草木長。繞屋樹扶疏。衆鳥欣有託。吾亦愛吾廬。既耕亦已種。時還讀我書。門巷隔深轍。頗迴故人車。歡然酌春酒。摘我園中蔬。微雨從東來。好風與之俱。汎覽周王傳。流觀山海圖。俯仰終宇宙。不樂復何如。』

如和郭主簿二首的第一首。

『靄靄堂前林。中夏貯淸陰。凱風因時來。回飆開我襟。息交游閑業。臥起弄書琴。園蔬有餘滋。舊穀猶儲今。營已良有極。過足非所欽。舂秫作美酒。酒熟吾自斟。弱子戲我側。學語未成音。此事眞復樂。聊用忘華簪。遙遙望白雲。懷古一何深。』

如飲酒二十首的第五首。

『結廬在人境。而無車馬喧。問君何能爾。心遠地自偏。采菊東籬下。悠然見南山。山氣日夕佳。飛鳥相與還。此中有眞意。欲辯已忘言。』

如移居二首。

『昔欲居南村。非爲卜其宅。聞多素心人。樂與數晨夕。懷此頗有年。今日從茲役。敝廬何必廣。取足蔽牀席。鄰曲時時來。抗言談在昔。奇文共欣賞。疑義相與析。』

『春秋多佳日。登高賦新詩。過門更相呼。有酒斟酌之。農務各自歸。閑暇輒相思。相思則披衣。言笑無厭時。此理將不勝。無爲忽去茲。衣食須當紀。力耕不吾欺。』

如飲酒的第十三首。

『故人賞我趣。挈壺相與至。班荊坐松下。數斟已復醉。父老雜亂言。觴酌失行次。不覺知有我。安知物為貴。咄咄迷所留。酒中有深味。』

集中像這類的詩很多。雖寫窮愁。也含有翛然自得的氣象。他臨終時給他兒子們的遺囑——與子儼等疏。內中有一段寫自己的心境。說道。

『少學琴書。偶愛閑靜。開卷有得。便欣然忘食。見樹木交蔭。時鳥變聲。亦復歡然有喜。常言五六月中北窗下。臥遇涼風暫至。自謂是羲皇上人。』

讀這些作品。便可以見出此老胸中。沒有一時不是活潑潑地。自然界是他愛戀的伴侶。常常對著他微笑。他無論肉體上有多大苦痛。這位伴侶都能給他安慰。因為他抓定了這位伴侶。所以在他周圍的人事。也都變成微笑了。他說『卽事多所欣。』據我們想來。他終日所接觸的。果然全是可欣的資料。因為這樣。所以什麼飢咧寒咧。在他全部生活上。便成了很小的問題。擬古九首的第五首云。

『東方有一士。被服常不完。三旬九遇食。十年著一冠。辛苦無此比。常有好容顏。我欲觀其人。晨去越河關。青松夾路生。白雲宿簷端。知我故來意。取琴為我彈。上絃驚別鶴。下絃操孤鸞。願留就君住。從今到歲寒。』

『辛苦無此比。常有好容顏。』這兩句話。可算得他老先生自畫「行樂圖」。我們可以想像出一位冷若冰霜豔如桃李的絕代佳人。你說他像當時那一派『放浪形骸之外』的名士嗎。那卻是大大不然。他的快樂不是從安逸得來。完全從勤勞得來。

庚戌歲九月中於西田穫早稻篇云。

『人生歸有道．衣食固其端．孰是都不營．而以求自安．開春理常業．歲功聊可觀．晨出肆微勤．日夕負耒還．山中饒霜露．風氣亦先寒．田家豈不苦．不獲辭此難．四體誠乃疲．庶無異患干．盥濯息簷下．斗酒散襟顏．遙遙沮溺心．千載乃相關．但願長如此．躬耕非所歎．』

近人提倡「勞作神聖」．像陶淵明纔配說懂得勞作神聖的眞意義哩．『四體誠乃疲．庶無異患干』兩句話．眞可爲最合理的生活之準鵠．曾文正說『勤勞而後休息．一樂也．』淵明一生快樂．都是從勤勞後的休息得來．

淵明是「農村美」的化身．所以他寫農村生活．眞是入妙．如

『……方宅十餘畝．草屋八九間．楡柳蔭後園．桃李羅堂前．曖曖遠人村．依依墟里煙．狗吠深巷中．鷄鳴桑樹顚．……』（歸田園居）

『野外罕人事．窮巷寡輪鞅．白日掩荆扉．虛室絕塵想．時復墟曲中．披草共來往．相見無雜言．但道桑麻長．……（同上）

『……漉我新熟酒．隻鷄招近局．日入室中闇．荆薪代明燭．歡來苦夕短．已復至天旭．』（同上）

『……秉耒歡時務．解顏勸農人．平疇交遠風．良苗亦懷新．……』（懷古田舍）

『……飢者歡初飽．束帶候鳴鷄．揚檝越平湖．汎隨淸壑迴．鬱鬱荒山裏．猿聲閑且哀．悲風愛靜夜．林鳥喜晨開．……』（下潠田舍穫稻）

後來詩家描寫田舍生活的也不少．但多半像鄉下人說城市事．總說不到眞際．生活總要實踐的纔算．養尊處

優的士大夫說什麼田家風味配嗎。淵明只把他的實歷實感寫出來便成爲最親切有味之文。淵明有他理想的社會組織在桃花源記和詩裏頭表現出來。記云。

『晉太元中。武陵人捕魚爲業。緣溪行。忘路之遠近。忽逢桃花林。夾岸數百步中無雜樹。芳草鮮美。落英繽紛。漁人甚異之。復前行。欲窮其林。林盡水源。便得一山。山有小口。髣髴若有光。便捨船從口入。初極狹。纔通人。復行數十步。豁然開朗。土地平曠。屋舍儼然。有良田美池桑竹之屬。阡陌交通。雞犬相聞。其中往來種作。男女衣著。悉如外人。黃髮垂髫。並怡然自樂。見漁人。乃大驚。問所從來。具答之。便要還家。設酒殺雞作食。村中聞有此人。咸來問訊。自云先世避秦時亂。率妻子邑人來此絕境。不復出焉。遂與外人間隔。問今是何世。乃不知有漢。無論魏晉。此人一一爲具言所聞。皆歎惋。餘人各復延至其家。皆出酒食。停數日。辭去。此中人語云。不足爲外人道也。旣出。得其船。便扶向路。處處誌之。及郡下。詣太守說如此。太守卽遣人隨其往。尋向所誌。遂迷不復得路。南陽劉子驥。高尙士也。聞之。欣然親往。未果。尋病終。後遂無問津者。』

詩云。

『嬴氏亂天紀。賢者避其世。黃綺之商山。伊人亦云逝。往跡寖復湮。來逕遂蕪廢。相命肆農耕。日入從所憩。桑竹垂餘蔭。菽稷隨時藝。春蠶收長絲。秋熟靡王稅。荒路曖交通。雞犬互鳴吠。俎豆猶古法。衣裳無新製。童孺縱行歌。班白歡游詣。草榮識節和。木衰知風厲。雖無紀曆誌。四時自成歲。怡然有餘樂。於何勞智慧。奇蹤隱五百。一朝敞神界。淳薄旣異源。旋復還幽蔽。借問游方士。焉測塵囂外。願言躡輕風。高舉尋吾契。』

這篇記可以說是唐以前第一篇小說。在文學史上算是極有價值的創作。這一點讓我論小說沿革時再詳細說他。至於這篇文的內容。我想起他一箇名叫做東方的Uto ia（烏託邦。）所描寫的是一箇極自由極平等之愛的社會。荀子所謂『美善相樂。』惟此足以當之。桃源後世竟變成縣名。小說力量之大。也無出其右了。後人或拿來附會神仙。或討論他的地方年代。眞是癡人前說不得夢。

六

淵明何以能有如此高尙的品格和文藝。一定有他整箇的人生觀在背後。他的人生觀是什麼呢。可以拿兩箇字包括他「自然。」他替他外祖孟嘉做傳說道。

『……又問（桓溫問孟嘉）聽妓絲不如竹。竹不如肉。答曰。漸近自然。……』（晉故征西大將軍長史孟府君傳）

歸田園居詩云。

『久在樊籠裏。復得返自然。』

歸去來辭序云。

『質性自然。非矯厲所得。飢凍雖切。違己交病。』

他並不是因爲隱逸高尙有什麼好處。纔如此做。只是順著自己本性的自然。「自然」是他理想的天國。凡有絲毫矯揉造作。都認作自然之敵。絕對排除。他做人很下堅苦功夫。目的不外保全他的「自然。」他的文藝只是「自然」的體現。所以『容華不御』恰好和「自然之美」同化。後人用『斲彫爲朴』的手段去學他。眞可謂『刻畫無鹽唐突西子』了．愛自然的結果．當然愛自由．淵明一生．都是為精神生活的自由而奮鬬．鬬的什麼．鬬物質生活．歸去來辭說．『嘗從人事．皆口腹自役．』又說『以心為形役．』他覺得做別人奴隸．回避還容易．自己甘心做自己的奴隸．便永遠不能解放了．他看清楚耳目口腹……等等．絕對不是自己．犯不著拿自己去遷就他們．他有一首詩直寫這種懷抱云．

『在昔曾遠游．直至東海隅．道路迥且長．風波阻中塗．此行誰使然．似為飢所驅．傾身營一飽．少許便有餘．恐此非名計．息駕歸閑居．』

因為『傾身營一飽．少許便有餘．』所以『求己良有極．過足非所欽．』他並不是對於物質生活有意尅減．他實在覺得那類生活．便豐贍也用不著．宋鈃說『人之情欲寡．而皆以為己之情欲多．過也．』淵明正參透這箇道理．所以極刻苦的物質生活．他卻認為『復歸於自然．』他對於那些專務物質生活的人有兩句詩批評他們道．

『客養千金軀．臨化消其寶．』（飲酒）

這兩句名句．可以抵七千卷的大藏經了．

集中有形影神三首．第一首形贈影．第二首影答形．第三首神釋．這三首詩正寫他自己的人生觀．那神釋篇的末句云．

『縱浪大化中．不喜亦不懼．應盡便須盡．無復獨多慮．』

雜詩裏頭亦說．

『壑舟無須臾．引我不得住．前塗當幾許．未知止泊處．』

歸去來辭末句亦說．

『聊乘化以歸盡．樂夫天命復奚疑．』

就佛家眼光看來．這種論調．全屬斷見．自然不算健全的人生觀．但淵明卻已彀自己受用了．他靠這種人生觀．一生能彀『酣飲賦詩以樂其志．』『忘懷得失以此自終．』（五柳先生傳）一直到臨死時候．還是翛然自得．不慌不忙的留下幾篇自祭自挽的妙文．那自挽詩云．

『有生必有死．早終非命促．昨暮同爲人．今旦在鬼錄．魂氣散何之．枯形寄空木．嬌兒索父啼．良友撫我哭．得失不復知．是非安能覺．千秋萬歲後．誰知榮與辱．但恨在世時．飲酒不得足．』

『在昔無酒飲．今但湛空觴．春醪生浮蟻．何時更能嘗．肴案盈我前．親舊哭我傍．欲語口無音．欲視眼無光．昔在高堂寢．今宿荒草鄉．一朝出門去．歸來良未央．』

『荒草何茫茫．白楊亦蕭蕭．嚴霜九月中．送我出遠郊．四面無人居．高墳正嶕嶢．馬爲仰天鳴．風爲自蕭條．幽室一已閉．千年不復朝．千年不復朝．賢達無奈何．向來相送人．各自還其家．親戚或餘悲．他人亦已歌．死去何所道．託體同山阿．』

自祭文云．

『歲惟丁卯．律中無射．天寒夜長．風氣蕭索．鴻雁于征．草木黃落．陶子將辭逆旅之館．永歸於本宅．故人悽其相悲同祖行於今夕。羞以嘉蔬。薦以清酌。候顏已冥。聆音愈漠。嗚呼哀哉。茫茫大塊。悠悠蒼旻。是生萬物。余得爲人。自余爲人。逢運之貧。簞瓢屢罄。絺綌冬陳。含歡谷汲。行歌負薪。翳翳柴門。事我宵晨。春秋代謝。有務中園。載耘載耔。迺育迺繁。欣以素牘。和以七弦。冬曝其日。夏濯其泉。勤靡餘勞。心有常閒。樂天委分。以至百年。惟此百年。夫人愛之。懼彼無成。愒日惜時。存爲世珍。歿亦見思。嗟我獨邁。曾是異茲。寵非己榮。涅豈吾緇。捽兀窮廬。酣飲賦詩。識運知命。疇能罔眷。余今斯化。可以無恨。壽涉百齡。身慕肥遁。從老得終。奚所復戀。寒暑逾邁。亡既異存。外姻晨來。良友宵奔。葬之中野。以安其魂。窅窅我行。蕭蕭墓門。奢恥宋臣。儉笑王孫。廓兮已滅。慨焉以遐。不封不樹。日月遂過。匪貴前譽。孰重後歌。人生實難。死如之何。嗚呼哀哉。』

這三首詩一篇文。絕不是像尋常名士平居游戲故作達語。的確是臨死時候所作。因爲所記年月。有傳記可以互證。古來忠臣烈士慷慨就死時幾句簡單的絕命詩詞。雖然常有。若文學家臨死留下很有理趣的作品。除淵明外像沒有第二位哩。我想把文中『勤靡餘勞心有常閒樂天委分以至百年』十六箇字作爲淵明先生人格的總贊。

陶淵明年譜

秋冬間講學白下。積劬嬰疾。醫者力戒靜攝。寧家後便屏百慮。讀陶集自娛。偶鉤稽其作品年月。而前人所說皆不能愜吾意。蓋以吾所推定陶公卒年僅五十六。而舊史舊譜皆云六十三。緣此一誤。他皆誤矣。遂發憤自撰此譜。三日而成。成後檢篋中故書。得舊譜數種。復以兩日校改之。爲斯本。號稱養病。亦頗以鏤刻鉥肝腎矣。壬戌臘不盡五日即民國十二年二月十日。啓超自記於天津之飲冰室。

陶傳資料最古者。爲顏延之所撰陶徵士誄。蓋陶公初卒時所作。見文選。本集亦附載。而詞句頗有不同。次則沈約宋書隱逸傳。陶公卒後二十餘年作也。次則梁昭明太子蕭統所撰陶淵明傳。次則李延壽南史隱逸傳。次則唐太宗勅撰晉書隱逸傳。皆襲宋書小有詳略而已。宋有李燾撰靖節新傳三卷。今佚。有吳仁傑撰靖節先生年譜。今存。陳振孫書錄解題言蜀人張縯爲吳譜作辨證。今佚。惟李公煥陶集箋注雜引數條而已。有王質著紹陶錄。中有栗里年譜。今存。而李公煥注所引年譜文。又有爲此二譜所無者。不知誰作也。清道光間山陽丁儉卿晏著陶靖節年譜。僅對王譜有所糾正。似未見吳譜也。安化陶文毅公澍著靖節先生年譜考異二卷。備列兩舊譜而加以考證。至博贍矣。吾初造此譜時。僅因讀李箋有所感觸。並未見諸譜。且不知有其書。屬稿中。姪兒廷燦次第檢出諸本資參考。得益蓋不少。然於所不謂然者。終不敢苟同也。編中徵引諸家。其略號如下。

顏延之陶徵士誄……………………顏誄
宋書本傳……………………………宋傳
昭明太子陶淵明傳…………………昭明傳
南史本傳……………………………南傳
晉書本傳……………………………晉傳
吳仁傑靖節先生年譜………………吳譜
張縯年譜辯證………………………張辨

王質栗里年譜……………………………………………………………………王譜
李公煥箋注陶淵明集…………………………………………………………李箋
丁晏陶靖節年譜………………………………………………………………丁譜
陶澍靖節先生年譜考異………………………………………………………陶考

* * * * *

先生名淵明，一名潛，字元亮。

晉傳云：「陶潛字元亮。」南傳云：「陶潛字淵明，或云字深明，名元亮。」惟昭明傳則云：「陶淵明字元亮，或云潛字淵明。」吾儕向來識想所習，皆以淵明爲先生字，惟據集中祭程氏妹文云：「淵明以少牢之奠，俛而酹之。」祭文不應自稱字也。又孟府君傳云：「淵明從父太常夔……」又云：「淵明先親君之第四女也。」孟府君卽孟嘉，實先生之外王父。先生此文誦述其從父及其母，張辨謂：「義必以名自見，豈得稱字。」諒矣。由此言之，淵明必先生名無疑。故顏誄直書爲「有晉徵士潯陽陶淵明」也。然則潛之名從何來？李箋引年譜云：「在晉名淵明，在宋名潛，元亮之字則未嘗易。」（此非吳王兩譜文）然古者「君子已孤不更名」，謂先生晚年改名，殆不近理。考先生五子儼、俟、份、佚、佟，而責子詩則舉其小名曰舒、宣、雍、端、通，是先生諸子皆有兩名也。先生蓋亦爾爾。淵明其名，而潛其小名歟。

潯陽柴桑人也。

晉書陶侃傳：「本鄱陽人也。吳平，徙家廬江之潯陽。」先生爲潯陽人自此始。

陶氏得姓。蓋出唐堯。漢有功臣侯者陶舍。丞相陶青。皆先生遠祖。

命子篇云『悠悠我祖。爰自陶唐。邈爲虞賓。歷世重光。御龍勤夏。豕韋翼商。穆穆司徒。厥族以昌。紛紛戰國。漠漠衰周。鳳隱於林。幽人在丘。逸虯遶雲。奔鯨駭流。天集有漢。眷余愍侯。於赫愍侯。運當攀龍。撫劍夙邁。顯茲武功。書誓山河。啓土開封。亹亹丞相。允迪前蹤。』愍侯者陶舍。以左司馬從漢高祖破代。封開封侯也。丞相者陶青。以漢孝景二年爲丞相也。

曾祖侃。晉使持節侍中太尉都督荊江雍梁交廣益寧八州諸軍事荊江二州刺史長沙郡公。晉書有傳。

宋傳云『曾祖侃。晉大司馬。』晉傳云『大司馬侃之曾孫也。』顏誄云『韜此洪族。蔑彼名級。』卽謂先生以侃胤孫爲當時望族也。命子篇云『渾渾長源。蔚蔚洪柯。羣川載導。衆條載羅。時有語默。運因隆窊。在我中晉。業融長沙。桓桓長沙。伊勳伊德。天子疇我。專征南國。功遂辭歸。臨寵不忒。孰謂斯心。而近可得。』此先生述祖德以命其子而誦侃之美也。集中有贈長沙公一首。序云『長沙公於余爲族。祖同出大司馬。……』按晉書『侃卒。長子夏以罪廢。次子瞻之子宏襲爵。宏卒。子綽之嗣。綽之卒。子延壽嗣。宋受禪。降爲吳昌侯。』此長沙公蓋卽延壽。於先生爲從子。故詩云『伊余云遘。在長忘同。』也。閻若璩不認先生系出陶侃。其子詠祖述之謂此文『祖同出大司馬。』大字爲右字之譌。右司馬卽陶舍。錢大昕作讀淵明詩跋。痛闢其說。陶考將全文採入。今不具引。

祖茂。武昌太守。

命子篇云『肅矣我祖。愼終如始。直方二臺。惠和千里。』晉傳云『祖茂。武昌太守。』此文『惠和千里。』卽

指爲太守事其云『直方二臺』則亦嘗曾任京秩也侃子十七人茂晉書無傳（李箋引陶茂麟家譜言「先生祖名岱」恐不足信陶考有詳辨）

父某。

命子篇云『於皇仁考淡焉虛止寄迹風雲寘茲慍喜』先生父名無考此云『寄迹風雲』知必嘗仕宦李箋云『父姿城太守生五子史失載』不知何所本據集中詩文不見先生有兄弟也姿城亦不見地志

母孟氏征西大將軍長史孟嘉第四女

集中有征西大將軍長史孟府君傳稱嘉『娶大司馬長沙桓公陶侃第十女』是先生之外王母亦卽其祖姑其父母中表爲婚也孟府君傳敍嘉之爲人云『行不苟合言無夸矜未嘗有喜慍之容好酣飲逾多不亂至於任懷得意融然遠寄傍若無人』

按侃之德業世所熟知先生述德獨誦美其『功遂辭歸臨寵不忒』可見其高尚沖穆之趣得諸遺傳者深遠矣其父則『淡焉虛止寘茲慍喜』其外王父則如傳中所云云故知先生之人格有所受之也

晉簡文帝咸安二年壬申（西紀三七二）先生生

各書無紀先生生年者顏誄亦不記卒時得年幾何宋傳云『元嘉四年卒年六十三』昭明傳晉傳皆襲其文準此追溯則先生宜生於興寧三年乙丑余鉤稽全集知先生得年僅五十有六宋傳誤也集中自述年紀之語句凡十二處今悉舉之如下（依現行本集各篇先後爲次）

（一）誤落塵網中一去三十年（歸田園居）

（二）開歲倏五十，吾生行歸休。〔辛酉正月五日游斜川〕

（三）僶俛六九〔五十四〕年。〔怨詩楚調〕

（四）弱冠〔二十〕逢世阻，始室喪其偏。〔同上〕

（五）僶俛四十年。〔連雨獨飲〕

（六）閑居三十載，遂與塵事冥。〔辛丑歲七月赴假還江陵夜行塗中〕

（七）總髮抱孤念，奄出四九〔三十六〕年。〔戊申歲六月中遇火〕

（八）行行向不惑〔四十〕，淹留自無成。〔飲酒〕

（九）是時向立年〔三十〕，志意多所恥。〔同上〕

（十）奈何五十年，忽已親此事。〔雜詩〕

（十一）吾年過五十。〔與子儼等疏〕

（十二）我年二六〔十二〕，爾纔九齡。〔祭程氏妹文〕

以上資料雖未云備，然先生經歷年所已略可考見。足證先生壽必不及六十，而卒年確爲五十六也。先生自十二歲至五十四歲之事蹟，既屢見於詩文中，若壽過六十，不應無一字道及。〔若謂先生晚年廢筆札，則殊不然。挽歌及自祭文皆屬纊時所作也。說見下〕此其一。與子儼等疏，翫詞意當是遺囑，而僅云『吾年過五十』。此其二。挽歌云『早終非命促』。若壽六十三，不得言早終。〔先生爲其外祖孟嘉作傳，傳文云『年五十一』，贊云『道悠運促，不終遠業，惜哉仁者必壽，豈斯言之謬乎』，是以僅過五十爲短命也。其對於自己則達觀，言雖早終而非命促爾〕此其三。游斜川一詩序中明記『辛酉正月五日』，又云『各疏年紀鄉里，以記其時日』，而其詩發端一句為『開歲倏五十』則辛酉歲先生行年五十當極可信憑此其四（此詩俗本有訛字故生異論辨詳本條）『閑居三十載』之詩題中標明『辛丑歲七月』與辛酉之五十正合此其五『奄出四九年』之詩題中標明『戊申歲六月』時先生年正三十七此其六先生作令彭澤旋復棄官實義熙元年乙巳事年月具見歸去來兮序時先生年三十四也飲酒詩『是時向立年志意多所恥遂盡介然分拂衣歸田里』卽敍此事若先生得年六十三則彼時已逾四十不應云「立年」此其七顏誄云『年在中身疢唯痁疾』此用無逸『文王受命惟中身』成語謂五十也若六十以外不得言中身此其八吾據以上八事推定先生得年五十六先生既卒於元嘉四年丁卯則追溯生年當在咸安二年壬申也

孝武帝寧康元年癸酉先生二歲

是年桓溫卒

二年甲戌先生三歲程氏妹生

祭程氏妹文云『我年二六爾纔九齡』集中不及昆弟似先生同懷只此一妹也

三年乙亥先生四歲

太元元年丙子先生五歲

二年丁丑先生六歲

三年戊寅先生七歲

四年己卯先生八歲

五年庚辰先生九歲。

六年辛巳先生十歲。

七年壬午先生十一歲。

八年癸未先生十二歲喪父（？）

先生以是年丁憂明見於祭程氏妹文。其辭曰。『誰無兄弟。人亦同生。嗟我與爾。特百常情。慈妣早世。時尚孺嬰。我年二六。爾纔九齡。爰從靡識。撫髫相成』。據此文則是喪母也。然顏誄云『母老子幼。就養勤匱』。顏延之與先生交舊。語當可信。此兩文不能相容。必有一爲傳寫之誤。非顏誄父誤母。則祭文考誤妣矣。按命子篇稱其父曰「仁考」。是長子儼生時。先生父已沒。又庚子歲從都還篇云。『歸子念前塗。凱風負我心。』是先生二十九歲時母其猶存。然則祭文妣字必誤也。殆原作「慈考」。俗子傳鈔以慈當屬妣。故妄改耶。（湯注以慈妣爲庶母亦附會文意固明是丁憂也陶考於八歲條下引祭從弟敬遠文『相及髫齔並罹偏咎』語謂「八歲爲齔」疑先生丁憂在彼年不知彼文言己與敬遠年齒相及幼年皆罹偏咎耳先生蓋長敬遠數歲十二正屬髫年敬遠正向齔耶）

九年甲申先生十三歲。

十年乙酉先生十四歲。

是年謝安卒。

十一年丙戌先生十五歲。

十二年丁亥先生十六歲。

十三年戊子。先生十七歲。

十四年己丑。先生十八歲。

雜詩云『昔我少壯時。無樂自欣豫。猛志逸四海。騫翮思遠翥。』可見先生少年氣象。

十五年庚寅。先生十九歲。長子儼生。（？）

先生有五子。其年歲差次見責子篇。其諸子不同母。與子儼等疏云。『汝等雖不同生。當思四海皆兄弟之義。……他人尙爾。況同父之人哉。』是其證也。然先生又有妻無妾。顏誄中『居無僕妾』一語可證。先生早年喪耦有繼室。（詳次條）然則至少亦應有一子爲元配夫人出者。今假定本年爲長子儼生年。

十六年辛卯。先生二十歲。喪妻。（？）

怨詩楚調示龐主簿鄧治中云。『弱冠逢世阻。始室喪其偏。』湯注云。『其年二十喪偶。繼娶翟氏。』先生甫結婚卽喪耦。當是事實。其年當在二十左右也。（王譜解喪偏爲失妾非也。顏誄明云『居無僕妾』。吳譜謂三十喪偶亦杜撰）

昭明傳云。『淵明妻翟氏。亦能安勤苦。與其同志。』南傳云。『妻翟氏。志趣亦同。能安苦節。夫耕於前。妻鋤於後。』先生旣曾喪耦。則翟氏自當是繼室。晉書隱逸傳有翟湯。湯子莊。莊子矯。矯子法賜。世有隱行。亦潯陽人。翟夫人當出其族。

先生續娶年歲無考。然長子儼比次子俟僅蚤生兩歲。則續娶或卽在喪耦之年。

翟夫人似亦先先生卒。故與子儼等疏云『但恨室無萊婦』。

十七年壬辰。先生二十一歲。次子俟生。（？）

命子篇所命者爲長子儼。當作於是年。篇中云。『日居月諸。漸免於孩。』用論語三年免懷語意。言「漸免」則未滿三歲也。詩蓋作於次子未生以前。故有『三千之罪無後爲急』語。

儼十六時。俟年十四。故假定俟生於是年。

自本年至元興元年凡十一年間。皆會稽王道子及其世子元顯柄國。晉政日亂。

十八年癸巳先生二十二歲。三子份四子佚生。（？）

份佚同歲。先生既無姬妾。當是孿生耶。

顏誄云『初辟州府三命』。昭明傳云『親老家貧。起爲州祭酒。不堪吏職。少日自解歸。州召主簿不就。』其年月無可考。吳譜於本年下云『是歲爲江州祭酒』湯注於赴假還江陵詩下亦云『癸巳爲州祭酒』彼等皆以癸巳年先生二十九歲。又以先生其年初出仕。故附會爲此說耳。吾儕若採謹嚴態度。只能謂州府辟命爲作鎭軍參軍以前事。其年則當闕疑也。

十九年甲午先生二十三歲。

二十年乙未先生二十四歲。

二十一年丙申先生二十五歲。

是年孝武帝見弒。

桃花源記及詩。不知作於何年。但發端稱『晉太元中。』或是隆安前後所作。

安帝隆安元年丁酉。先生二十六歲。

二年戊戌先生二十七歲爲鎮軍參軍（？）五子佟生（？）

本集卷三第一首爲始作鎮軍參軍經曲阿第二首爲庚子歲從都還先生作鎮軍參軍在庚子前略可推定惟究屬何年所參之軍其主將爲何人皆吾儕所欲亟知也考淵明時代曾任鎮軍將軍者前有太元六年之郤愔後有元興三年之劉裕太元六年先生僅十歲不成問題文選本詩下李善注云「臧榮緒晉書曰「宋武帝行鎮軍將軍」辟公參其軍事』是以先生所參即劉裕幕也然元興三年先生實參劉敬宣之建威將軍幕（見下）而庚子辛丑間先生在鎮軍幕時劉裕亦僅官參軍則此鎮軍非裕甚明（文獻通考云『劉裕起兵討桓玄爲鎮軍將軍淵明參其軍事』此沿文選李注之誤也）然則究爲誰耶詩題言『經曲阿』吳譜云『曲阿今丹陽縣也』始就幕職而經丹陽則軍府宜在京口（即鎮江）當時所謂「北府」也考其時鎮京口者自太元十五年庚寅至隆安二年戊戌九月爲王恭自戊戌九月至元興元年壬寅三月爲劉牢之先生庚子辛丑兩年皆在鎮軍幕則主將必牢之無疑其後甲辰乙巳間復參劉敬宣建威幕敬宣即牢之之子於先生爲世交也時劉裕亦爲牢之參軍蓋與先生同僚然則何以解於鎮軍之名考是時牢之軍號爲鎮北將軍鎮軍或鎮北之譌耳以本集各本譌誤之多蓋不足異也（書成後乃見陶澍年譜考異正謂先生所參爲劉牢之軍與吾說合爲之狂喜陶考對於鎮軍之解釋謂『考晉書百官志有左右前後軍將軍左右前後四軍爲鎮衞軍劉牢之爲前將軍正鎮衞軍即省文曰鎮軍亦奚不可』云云亦足備一說也）

牢之以本年九月開府京口先生入幕非在本年即在明年飲酒篇云『……投耒去學仕……是時向立年』時方二十七八歲故曰向立年也若從舊譜則時已三十三四矣諸家亦知其不可通故强指州祭酒爲投耒學仕謂事在癸巳年而先生方二十九殊不知顏誄明言『州府三命不就』先生蓋未嘗就州職也本詩

言「始作。」正謂始仕耳。詩云『時來苟宜（集作冥此從文選）會。宛轡憩通衢。投策命晨旅。暫與園田疏。』當時先生蓋有用世之志也。

三年己亥先生二十八歲。在軍幕。

飲酒篇云『在昔曾遠遊。直至東海隅。道路悠且長。風波阻中途。此行誰使然。似為飢所驅。』案本年十一月。海賊孫恩陷會稽。劉牢之率衆東討。時劉裕為牢之參軍。立功最多。先生之馳驅海隅。衝冒風波。蓋在牢之軍中也。牢之擁兵北府。炙手可熱。然其人反覆。先生或逆料其將敗。而亟思自拔。故後二年遂乞假歸。詩所謂『恐此非名計。息駕歸閑居。』也。

四年庚子先生二十九歲。在軍幕。

集中紀年詩有庚子歲五月中從都還阻風於規林二首。詩中言『一欣侍溫顏。再喜見友于。』言『歸子念前塗。』言『久遊戀所生。』皆遊子久客思親之作。言『凱風負我心。』則用『母氏劬勞』意。知所侍溫顏必為母也。「友于」云云。當指其妹或其從弟。

集中詩題標甲子者凡九首。此其第一首也。南傳云『所著文章皆題其年月。義熙以前。明書晉氏年號。自永初以來。惟云甲子而已。』按集中詩題無一題年號者。其題甲子之九首。在義熙前者八首。南傳云云。嚮壁附會。空疏可笑。前人多已辯正。今不廣引。

五年辛丑先生三十歲。是年七月。從軍幕乞假歸家。其冬喪母。

集中紀年詩有辛丑歲七月赴假還江陵一首。發端云『閑居三十載。遂與塵事冥。』蓋是年正三十歲也。辛酉年先生五十歲。既有詩題及詩句爲證。實爲無上權威之資料。而逆溯至辛丑正三十歲。則此句亦一極有力資料矣。後世注釋家泥視「閑居」二字。必謂此詩爲辭官後三十年所作。若辛丑年先生已辭官三十載。然則先生之生當在永和前矣。有是理耶。

庚子年詩有『欣侍溫顏』語。乙巳賦歸去來辭。僅言『稚子候門』。以後詩中亦不復見言侍養事。則先生丁艱。必當在此數年中。然則何年耶。祭程氏妹文云『昔在江陵。重罹天罰。兄弟索居。乖隔楚越。伊我與爾。百哀是切。黯黯高雲。蕭蕭冬月。白雲掩晨。長風悲節。感惟崩號。興言泣血』。所謂『重罹天罰』者。對上文『慈妣早世』言。若妣爲考之譌。則此文所述爲喪母也。江陵其地也。冬月其時也。蓋七月赴假還江陵。不數月遂遭大故也。知必爲本年而非次年者。先生以元興三年甲辰應辟爲建威參軍。若次年壬寅冬月丁憂。則服未闋。不容出仕也。

詩題於江陵言還。喪母時亦在江陵。似先生當時僑居江陵也。說詳下。

元興元年壬寅先生三十一歲。在江陵。(?)

二年癸卯先生三十二歲。自江陵還柴桑。(?)

集中紀年詩有癸卯歲始春懷古田舍二首。癸卯歲十二月中作與從弟敬遠一首。前者蓋在江陵懷柴桑之作故云『耕者有時息。行者無問津』。後者則歸柴桑故居後。與敬遠相聚。故云『寢迹衡門下。邈與世相絕。』

還舊居一首。歸園田居六首。似皆本年作。還舊居篇云。『疇昔家上京。六載去還歸。今日始復來。惻愴多所悲。

阡陌不移。舊邑屋或時非。履歷周故居。鄰老罕復遺。……』似先生投耒學仕後。卽未嘗履此舊居。故不勝今昔之感。先生戊戌始作參軍。是年歸。首尾六載也。然則庚子辛丑兩年不嘗兩次歸家耶。欲解此問題。當釋「上京」二字。李箋引南康志云『近城五里地名上京。亦有淵明故居。』朱子語錄云『廬山有淵明古跡處曰上京。』果爾。則此上京卽舊居。與柴桑栗里相去咫尺。亦卽庚子年『侍溫顏見友于』之地也。細繹全集。未見有六年不還家之痕跡。蓋州祭酒主簿既不就。戊戌作參軍。庚子卽歸省。後此乙巳一出。不終歲而歸。何處得此六年耶。竊意廬山中有上京云云。皆後人因本詩而附會。合前後各詩讀之。上京宜指江陵。故辛丑歸省之作題云『還江陵』。而祭妹文敍丁憂事。亦言『昔在江陵』也。至江陵何以名上京。則百思不得其解。嗣讀陶注於上京句下引毛氏綠君亭本云『一作上荆』。乃知先生家於荆州卽江陵者六年。卽前詩所謂『如何舍此去。遙遙至西荆』也。（此集作南荆從文選）荆名上者。以其在上游。猶言西京云爾。殆先生嘗參鎮軍幕時。卽僑居彼地。喪母後思歸故鄉。故癸卯春有懷古田舍之作。不久遂還舊居。與從弟敬遠晤也。然則此詩作於本年無疑矣。（於此復有一問題作參軍何故移家江陵耶此不可解然則所謂鎮軍將軍者或當求諸鎮江陵之人矣然又不類吾亦不復費精力以搜剔資料矣）歸園田居當亦同時作。故云『誤落塵網中。一去三十年。』時先生正三十一二歲也。舊譜多以此數詩爲乙巳年從彭澤棄官歸後作。然彼年自出山至解組。前後不過一歲。篇中『久去山澤遊』云云。皆久客新歸語。情景不合也。是年桓玄篡位。

三年甲辰。先生三十三歲。起服。爲建威參軍。

是年劉裕起兵誅桓玄。

劉敬宣以破桓歆功遷建威將軍江州刺史。鎭潯陽。辟先生參其軍事。

義熙元年乙巳先生三十四歲上半年在軍幕。曾奉使入都。八月補彭澤令。十一月自免歸。自此不復仕。是年程氏妹卒。

先生既應劉敬宣之辟。春間凡一度奉使適金陵。集中詩有乙巳歲三月爲建威將軍使都經錢溪一首。發端云『我不踐斯境。歲月好已積。』蓋自庚子年後。足跡不履長江下游者五年矣。又云『一形似有制。素襟不可易。園田日夢想。安得久離析。』蓋甫出已有歸志也。

歸去來兮辭序云『余家貧。耕植不足以自給。幼稚盈室。缾無儲粟。生生所資。未見其術。親故多勸余爲長吏。（案謂邑宰）脫然有懷。求之靡途。會有四方之事。（案指爲參軍使都事）諸侯以惠愛爲德。（案彼時邑宰由州將版授）家叔以余貧苦。遂見用爲小邑。於時風波未靜。心憚遠役。彭澤去家百里。公田之利。可以爲潤。（一本作可以爲酒）故便求之。及少日。眷然有歸歟之情。何則。質性自然。非矯勵所得。飢凍雖切。違己交病。嘗從人事。皆口腹自役。於是悵然慷慨。深愧平生之志。猶望一稔。當斂裳宵逝。尋程氏妹喪於武昌。情在駿奔。自免去職。仲秋至冬。在官八十餘日。因事順心。命篇曰「歸去來兮」。乙巳歲十一月也。』此文自述得官去官之經過及動機。乃至年月日具詳。最可寶之史料也。欲求則求。欲去則去。將心事率直寫出。最足表現先生人格。『質性自然……深愧平生之志』云云。實徹底覺悟之自白也。其去官動機。昭明傳云『歲終。會郡遣督郵至縣。吏請曰。應束帶見之。淵明曰。我豈能爲五斗米折腰向鄉里小兒。卽日解綬去職。』與此文因妹喪去官頗有出入。當以此文自述者爲近眞。

昭明傳又云『爲彭澤令。不以家累自隨。送一力（案廝僕之稱）給其子。書曰。「汝旦夕之費。自給爲難。今遣此力助汝薪水之勞。此亦人子也。可善遇之。」公田悉令吏種秫。曰「吾常得醉於酒足矣。」妻子固請種秔。乃使二頃五十畝種秫。五十畝種粳。』案與子書。文雖簡短。藹然仁者之言。可見先生博愛襟抱之一斑也。

舊譜依宋傳「年六十三」一語。皆推定先生是年四十一歲。今案飲酒篇第十九首云『疇昔苦長飢。投耒去學仕。將養不得節。凍餒固纏己。是時向立年。志意多所恥。遂盡介然分。終死歸田里。』此總敘少年出仕及棄官事而云「向立年」。則明是三十歲前後也。（乙巳棄官時雖已過三十。然自爲參軍以迄縣令。皆投耒學仕時。故曰向立年）若賦歸去在四十後。則彼文不可通。

二年丙午。先生三十五歲。

責子詩云。『白髮被兩鬢。肌膚不復實。雖有五男兒。總不好紙筆。阿舒（儼）已二八。（一作十六）懶惰固無匹。阿宣（俟）行志學。而不愛文術。雍（份）端（佚）年十三。不識六與七。通子（佟）垂九齡。但念梨與栗。天運茍如此。且進杯中物。』案。此詩作於長子儼十六歲時。諸子小名及年歲具列。絕佳史料也。惜不得著作年月。但先生二十歲喪偶。而諸子不同母。（據與子儼等疏）假定儼（阿舒）爲元配出。其生應在先生二十歲以前。故可推定本詩爲此一兩年內作品也。歸去來兮辭序言『幼稚盈室』。知先生爲彭澤令時已有多子矣。

先生髮白蓋甚早。命子篇已有『顧慚華髮』語。計其時甫逾二十耳。晉傳言先生『抱羸疾』。想然。集中言白髮者甚多。不必皆晚年作也。

三年丁未。先生三十六歲。

祭程氏妹文云。『維晉義熙三年五月甲辰。程氏妹服制再周。淵明以少牢之奠。俛而酹之。……』先生喪妹。

在乙巳。於茲兩年。故云『服制再周』。

四年戊申先生三十七歲。

集中紀年詩有戊申歲六月中遇火一首。中有『總髮抱孤念。奄出四十年』語。似是年已逾四十。然則與辛丑三十辛酉五十諸文相矛盾矣。竊謂此「十」字乃「九」字之譌。集中稱十二爲「二六」。十五爲「三五」。「五十四爲「六九」。所在多有。此文亦以「四九」代三十六耳。『奄出四九年』。謂剛過三十六歲也。譌作「十」者。或由刓損。或由傳鈔肊改耶。

五年己酉先生三十八歲。

集中紀年詩有己酉歲九月九日一首。

移居二詩。不知何年作。李籛云。『靖節舊宅。居於柴桑縣之柴桑里。至是屬回祿之變。越後年徙居南里之南村。』又云。『南村卽栗里。』此雖揣測之詞。亦頗近理。移居篇云。『聞多素心人。樂與數晨夕。』指龐通之殷景仁顏延之等也。詳見下。

六年庚戌先生三十九歲。

集中紀年詩有庚戌歲九月中於西田穫早稻一首。

與殷晉安別詩序云。『殷先作晉安南府長史掾。因居潯陽。後作太尉參軍。移家東下。作此以贈。』案此太尉卽劉裕也。裕以去年九月進太尉。殷爲參軍。當是本年事。詩中言「去歲家南里。薄作少時鄰。」謂在南村與殷結鄰也。別殷詩旣推定爲今年作。則移居詩必爲去年作無疑矣。

七年辛亥。先生四十歲。

祭從弟敬遠文云『歲在辛亥，月維仲秋，旬有九日，從弟敬遠，卜辰云窆，……』文中有『相及齠齔』語，知先生與敬遠年歲相去不遠，有『年甫過立』語，知敬遠卒時僅三十餘，若如宋傳年六十三之說，則先生是時當已四十七，相及髫齔之敬遠，亦當在四十內外，與本文不相應矣。先生殆無同懷兄弟，其從弟名見集中者一敬遠，一仲德，皆先先生卒。未審為一為二。與子儼等疏云『但恨鄰靡二仲，室無萊婦，』似是悼妻及二弟之早亡也。

榮木篇有『四十不足畏』語，可假定為本年以後所作。

連雨獨飲篇有『僶俛四十年』語，可假定為本年作。

答龐參軍詩序云『自爾鄰曲，冬春再交，款然良對，忽成舊游，……』龐名通之，先生移居南村後，相與結鄰者也。移居既推定在己酉年，則冬春再交，當為本年。

又有答龐參軍四言一首，似亦同時作。

八年壬子。先生四十一歲。

飲酒二十首，不知何年作，序云，『……既醉之後，輒題數句自娛，紙墨遂多，辭無詮次，聊命故人書之，……』是其詩非作於一時也。篇中有『行行向不惑』語，又敍棄官後事，言『亭亭復一紀』，然則是四十前後作也。

九年癸丑。先生四十二歲。

十年甲寅先生四十三歲。

是年釋慧遠合緇素百二十有三人結白蓮社於廬山之東林。劉遺民爲誓願文實佛敎淨土宗之初祖也。邀先生入社先生謝焉。然固常與遠往還相傳先生一日謁遠公甫及寺外聞鐘聲不覺顰容遽命還駕。宋人張商英詩所謂『虎溪回首去陶令趣何深』也。又傳遠公送客向不過虎溪。一日與先生及陸修靜語道。不覺過溪數百步虎輒驟鳴。因相與大笑云此兩公案爲宗門所樂道。雖不必盡信要之先生與蓮社諸賢相緣契。則事實也集中有與劉柴桑倡和詩兩首注家言柴桑卽遺民未知何據。

十一年乙卯先生四十四歲。

顏誄云『自爾介居及我多暇。伊好之洽接簷鄰舍。宵盤晝憩。非舟非駕』此顏延之自述與先生結鄰歡聚情況也。宋傳云『顏延之爲劉柳後軍功曹在潯陽與潛情款』陶考云『劉柳爲江州刺史晉書柳本傳不紀年月考宋書孟懷玉傳。「懷玉義熙十一年卒於江州之任」晉書安帝紀。「義熙十二年新除尚書令劉柳卒」。南史劉湛傳。「父柳卒於江州」。是柳爲江州實踵懷玉後。以義熙十一年到官。十二年除尚書令未去江州而卒。延之來潯陽與先生情款當在此兩年也』

十二年丙辰先生四十五歲。

集中紀年詩有丙辰歲八月中於下潠田舍穫一首。

有示周掾祖謝一首。題目一作『示周續之、祖企、謝景夷三郎、時三人共在城北講禮校書』。案續之爲蓮社中人物時與先生及劉遺民號潯陽三隱。昭明傳云『刺史檀韶苦請續之出州與學士祖企謝景夷三人共在城北講禮』蓋即據本詩題文也。檀韶爲江州刺史在義熙十二年。（見宋書韶傳）則此詩當作於本年矣。篇中『馬隊非講肆』云云。似不以續之之溷居城市爲然也。

是年慧遠卒。

十三年丁巳先生四十六歲。

是年太尉劉裕北伐。滅姚秦。修復關中晉宗廟陵寢。集中有贈羊長史一首。序云『左軍羊長史銜使秦川作此與之羊名松齡』詩云。『……賢聖留遺跡事事在中都。豈忘游心目。關河不可踰。九城甫已一逝將理舟輿。聞君當先邁負痾不獲俱。……』蓋自懷愍以後中原淪於戎羯已逾百年。先生覩關洛之光復。蓋喜極而泣。其云欲往游因病不果。殆實情也。

十四年戊午先生四十七歲。

宋傳云『義熙末徵著作佐郎不就』

昭明傳云『江州刺史王弘欲識之不能致也。淵明嘗往廬山。弘命淵明故人龐通之齎酒具於半道栗里之間邀之。淵明有脚疾。使一門生二兒舁籃輿既至欣然便共飲酌。俄頃弘至。亦無迕也。……嘗九月九日出宅邊菊叢中坐。久之滿手把菊。忽值弘送酒至。即便就酌。醉而歸。』宋晉傳文略同。是先生於州將中惟王弘頗相周旋。按宋書弘傳。弘以義熙十四年遷撫軍將軍江州刺史在州七年。宋文帝元嘉二年始還去。昭明傳所記當是本年以後事。集中有於王撫軍座送客一首。亦本年以後作。

是年劉裕弑晉安帝。

恭帝元熙元年己未先生四十八歲。

元熙二年卽宋武帝永初元年庚申先生四十九歲。

是年宋武帝廢晉恭帝爲零陵王。尋弑之。

集中有述酒一篇。李箋引黃庭堅曰『此篇似是讀異書所作。其中多不可解』。吳譜引韓子蒼曰。『余反覆觀之。見「山陽歸下國」之句。蓋用山陽公事。疑是義熙以後有所感而作也。故有「流淚抱中歎」「平王去舊京」之語』。湯注云『按晉元熙二年六月。劉裕廢恭帝爲零陵王。明年以毒酒一甖授張偉使酖王。偉自飲而卒。繼又令兵入踰垣進藥。王不肯飲。遂掩殺之。此詩所爲作。故以「述酒」名篇也。詩辭盡隱語……余反覆詳考。而後知決爲零陵哀詩也』。今案篇中有『諸梁董師旅。芊勝喪其身』語。用葉公諸梁白公勝事。有『安樂不爲君』語。用劉禪事。有『峽中納遺薰』語。用越王子搜事。皆與玆案有關。結句有『天容自永固。彭殤非等倫』。意尤明顯。韓湯吳說是也。

宋永初二年辛酉先生五十歲

集中紀年詩有游斜川一首。序云『辛酉（俗本作丑）正月五日……與二三鄰曲同游斜川……欣對不足。率爾賦詩。悲日月之遂往。歎吾年之不留。各疏年紀鄉里。以記其時日』。詩云。『開歲倏五十（俗本作日）吾生行歸休……』案此詩爲考先生年歲最主要之資料。因序中明言『各疏年紀記時日』。而序之發端明記『辛酉正月五日』。詩之發端云『開歲倏五十』。故辛酉年先生之齒五十。絲毫無疑義之餘地也。後人所以多不察者。則以俗本「辛酉」皆作「辛丑」。而詩句之「倏五十」。又或作「五日」。先生卒於丁卯。卽以宋傳年六十三之說推算則辛丑亦僅三十七歲與『開歲五十』語不相容俗子強作解事見序有『正月五日』語因奮肊改「五十」爲「五日」殊不知『開歲倏五日吾生行歸休』此二語如何能相連成意慨歎於歲月擲人者豈以日計耶況序中明言『各疏年紀』若作『開歲五日』所疏年紀何在耶於是復有據『辛丑五十』之說謂先生實得年七十六者（李箋引張縯語）然則乙巳辭彭澤令時先生已五十四與飲酒篇『是時向立年』句又衝突矣幸湯注本及昭文瞿氏所藏宋本爲朱子同時人曾集所寫者（坊間的影印本）於序文『辛丑』下注『一作酉』三字吾儕乃知作「酉」者實爲原本而『開歲五十』一語更不容改字以爲遷就以辛酉五十推算他篇他歲皆無不合一切疑團迎刃解矣

雜詩十二首不署年月惟中有『奈何五十年忽已親此事』語知是五十後作品也丁譜解此句謂『裕將篡晉其勢已成歎其不幸而親見此事』似甚當惟丁氏襲舊說以此詩繫諸義熙十年謂先生逆料裕之必篡則過矣如吾所推定則五十歲當永初二年晉祚已移故自悲『已親此事』也

三年壬戌先生五十一歲

擬古九首不知何年作但其中如『飢食首陽薇渴飲易水流』如「自從分別來門庭日荒蕪」如『蘭衰柳亦枯遂令此言負』如『枝條始欲茂忽值山河改』皆感慨滄桑之微言其爲易代後作品無疑

少帝景平元年癸亥先生五十二歲

昭明傳云『顏延之……後爲始安郡經過潯陽自造淵明飲焉每往必酣飲致醉弘（王弘）欲邀延之赴坐彌日不得延之臨去留二萬錢與淵明淵明悉送酒家稍就取酒』案據宋書延之傳以本年爲始安太守

時王弘在州五年矣。

文帝元嘉元年甲子先生五十三歲。

昭明傳。『江州刺史檀道濟往候之。偃臥瘠餒有日矣。道濟謂曰。「賢者處世。天下無道則隱。有道則至、今子生文明之世。奈何自苦如此。」對曰。「潛也何敢望賢。志不及也。」道濟饋以粱肉。麾而去之。』案道濟爲江州刺史在本年。（見宋書道濟傳）昭明以此事敍於先生少年。下文接『後爲鎮軍建威參軍』句。大誤。王譜置之元嘉三年亦誤。（通鑑記道濟爲江州在元嘉三年誤也王譜蓋襲之）先生不忤王弘。而獨拒道濟之饋。殆以其爲宋室元勳。心鄙之耶。

有會而作乞食等篇。或當作於是時。

二年乙丑先生五十四歲。

怨詩楚調示龐主簿鄧治中。『結髮念善事。僶俛六九年。』案。「六九年」謂五十四歲也。集中屢用此例。一本作「五十年」。蓋不得其解而妄改耳。此詩敍歷年之艱阻困頓。中有『離憂悽目前』語。蓋自知不久人世矣。

三年丙寅先生五十五歲。

四年丁卯先生五十六歲。其年九月。先生卒。

顏誄。『春秋若干。（集中附錄誄文皆作春秋六十有三。此從文選本）元嘉四年某月某日。卒於潯陽縣之柴桑里。……詢諸友好。謚曰靖節徵士。』

宋傳『元嘉四年卒．時年六十三．』

昭明傳『元嘉四年．將復徵命．會卒．是年六十三．世號靖節先生．』

晉傳『以宋元嘉中卒．年六十三．』

案．今本陶集中所附顏誄有『春秋六十有三』一語．顏延之既夙與先生情款．當先生初沒時為之作誄．其所記錄．自應有最大之權威．後人莫敢置疑．宜也．然據文選本則但云『春秋若干』並無六十三之說．然則集中所附顏誄云云．殆後人據宋傳改增耳．細繹本文．可得反證．誄詞云『……孰云與仁．實疑明智．謂天蓋高．胡愆斯義．……年在中身．疢惟痁疾．……』「中身」用無逸『文王受命惟中身』語．正五十典故．誄意謂年僅五十餘．以其壽促而怨天道之無憑也．是故攀引顏延之為先生六十三之證人．顏不任受也．六十三之說．本諸沈約．昭明襲之．唐人撰晉書又襲之．幾成鐵案．然鉤稽全集．其不合既若是．然則沈約何故有此誤耶．以吾度之．殆約所據譜牒．本作年五十六．而「五」字或刓損．或傳鈔訛舛．便成「三」字．約見三十六之太不倫也．輒顛倒臆定為六十三．自此遂以訛踵謬．習非成是矣．此雖臆測．或亦近理耶．與子儼等疏．當屬末命．發端言『天地賦命．生必有死．自古賢聖．誰獨能免．』中言『疾患以來．漸就衰損．親舊不遺．每以藥石見救．自恐大分將有限也．』末云『汝其慎哉．吾復何言．』全篇皆遺囑口氣．也應判為本年臨終時所作．中有『吾年過五十』語．最足為先生壽不滿六十之鐵證．

挽歌『嚴霜九月中．送我出遠郊．』

自祭文『歲惟丁卯．律中無射．……陶子將辭逆旅之館．永歸於本宅．……』

案此三詩一文皆先生屬纊時自挽自祭者觀其實敍年月「無射」九月也與歌辭相合知非同尋常文人平居游戲故作達語者比文選採此詩只題曰「陶淵明挽歌」編集者加一「擬」字題爲「擬挽歌辭」失之矣顏誄云『視化如歸臨凶若吉藥劑弗嘗禱祠非恤傃幽告終懷和長畢』皆敍其臨命從容屬辭自挽之事東坡評自祭文云『出妙語於纊息之餘豈涉生死之流哉』可謂知言又案挽歌云『早終非命促』可爲先生僅得下壽之證自祭文云『識運知命疇能罔眷余今斯化可以無恨』「知命」用論語文謂年過五十也與子儼等疏『少學琴書偶愛閑靜開卷有得便欣然忘食見樹木交蔭時鳥變聲亦復歡然有喜常言五六月中北牕下臥遇涼風暫至自謂是羲皇上人』

顏誄『有晉徵士潯陽陶淵明南岳之幽居者也弱不好弄長實素心學非稱師文取旨達在衆不失其寡處言每見其嘿少而貧苦一作病居無僕妾井臼弗任藜菽不給母老子幼就養勤匱遠惟田生致親之議追一作近悟毛子捧檄之懷初辭州府三命後爲彭澤令道不偶物棄官從好遂乃解體世紛結志區外定迹深棲於是乎遂一作遠灌畦鬻蔬爲供魚菽之祭織絇緯蕭以充糧粒之費心好異書性樂酒德簡棄煩促就成省曠殆所謂國爵屏貴家人忘貧者歟』

昭明傳『淵明少有高趣博學善屬文穎脫不羣任眞自得嘗著五柳先生傳以自況曰「先生不知何許人也亦不詳其姓字宅邊有五柳樹一本無樹字因以爲號焉閑靜少言不慕榮利好讀書不求甚解每有會意欣然忘食性嗜酒而家貧不能恆得親舊知其如此或置酒招之造飲輒盡期在必醉既醉而退曾不恡情去留環堵蕭然不蔽風日短褐穿結簞瓢屢空晏如也嘗著文章自娛頗示己志忘懷得失以此自終」時人謂之實

錄』『淵明不解音律而蓄無絃琴（一作無絃素琴）一張每酒適輒撫琴以寄其意貴賤造之者有酒輒設淵明若先醉便語客「我醉欲眠卿可去」其眞率如此郡將常候之值其釀熟取頭上葛巾漉酒漉畢還復著之」

＊　＊　＊　＊　＊

先生五子儼、俟、份、佚、佟、皆不見史傳

梁書安成康王秀傳『天監六年出爲江州都督聞前刺史所徵士陶潛曾孫爲里司秀歎曰「陶潛之德豈可不及後世」卽日辟爲西曹』

陶集考證

陶集蓋編自梁昭明太子蕭統然北齊時已有異本篇次顚亂其後傳鈔益多譌謬不少最著者如五孝傳及聖賢羣輔錄全屬贋託占全集三分之一其他字句間各本異同極多乃至有全句譌寫者如讀山海經之『刑天舞干戚』訛作『形夭無千歲』甚可笑也故欲讀陶集須薈萃諸善本精勘一過其中仍須有以意逆志之處余今病未能姑迻諸家敍錄所如知各本摘其異同之點略加評隲俾學者自擇云

梁蕭統陶淵明集序

『……余素愛其文不能釋手尙想其德恨不同時故加搜校粗爲區目……』

隋書經籍志集部

『宋徵士陶潛集九卷（梁五卷錄一卷）』

（天）

唐書藝文志集部。

『陶潛集二十卷。又集五卷。』

舊唐書經籍志集部。

『陶淵明集五卷。』

北齊陽休之序錄。

『……其集先有兩本行於世。一本八卷無序。一本六卷並序目。編比顛亂。兼復闕少。蕭統所撰八卷。合序目誄傳而少五孝傳及四八目。（案四八目卽聖賢羣輔錄）然編錄有體。次第可尋。余頗賞潛文。以爲三本不同。恐終致亡失。今錄統所闕。幷序目等。合爲一帙十卷。……』

宋宋庠私記。

『右集按隋書經籍志宋徵士陶潛集九卷。又云。梁有五卷。錄一卷。唐志陶淵明集五卷。今官私所行本凡數種。與二志不同。有八卷者。卽梁昭明太子所撰。合序傳誄等在集前爲一卷。正集次之。亡其錄。有十卷者。卽陽僕射所撰。（按休之字子烈事北齊爲尚書左僕射以好學文藻知名與魏收同時）按吳氏西齋錄有宋彭澤令陶潛集十卷。疑卽此也。其序幷昭明舊序誄傳等合爲一卷。或題曰第一。或題曰第十。或不著於集端。別分四八目。自甄表狀杜喬以下爲第十卷。然亦無錄。余前後所得本僅數十家。卒不知何者爲是。晚獲此本。云出於江左舊書。其次第最若倫貫。又五孝傳已下至四八目。子注詳密。廣於他集。惟篇後八儒三墨二條。此似後人妄加。非陶公本意。且四八目之末。陶自爲說曰。書籍所載。及故老所傳。善惡聞於世者。蓋盡於此。卽知其後無餘事矣。故今不著。輒別存之。以俟博聞者。』

宋晁公武昭德讀書志。

『靖節先生集有數本。七卷者梁蕭統編。以序傳顏延之誄載卷首。十卷者北齊陽休之編。以五孝傳聖賢羣輔錄序傳誄分三卷益之。詩篇次差異。按隋經籍志潛集九卷。又云梁有五卷錄一卷。唐藝文志潛集五卷。今本皆不與二志同。獨吳氏西齋目有潛集十卷。疑卽休之本也。休之本出宋庠家。云江左舊書。其次第最有倫貫。獨四八目後八儒三墨二條疑後人妄加。』文獻通考經籍考全錄本文

僧思悅書陶淵明集後。

『……昭明太子舊所纂錄。且傳寫寖訛。復多脫落。後人雖加綜緝。曾未見其完正。愚嘗採合衆本以事讎校。詩賦傳記贊述雜文凡一百五十有一首。洎四八目上下二篇。重條理編次爲一十卷……時皇宋治平三年五月望日思悅書。』

據以上諸家敍錄。則宋以前陶集諸本可推見者如下。

(一)六卷本——卽梁五卷本。

隋志所謂『梁五卷錄一卷』也。陽休之所見之『一本六卷並序目編比顚亂兼復闕少』者。當卽此本。其目錄原在集外單行。故梁志僅云五卷。陽休之所見本則已入錄於集。故爲六卷也。

此本之「錄一卷」關係頗大。宋書本傳稱『所著文章皆題其年月。義熙以前明書晉氏年號。自永初以來。唯云甲子而已。』(南史同)李善注文選亦引此語。然今本集中詩題標列甲子者僅九首。其八首在義熙

前並未著晉氏年號宋以後學者皆據此以斥沈約李善之不經千年來幾爲定論矣獨淸陶澍據隋志重翻此案其略云『……五柳傳云「嘗著文章自娛頗示己志」則其集必有自定之本可知約去先生僅十餘年必親見先生自定之本可知竊意自定之本其目皆以編年爲序而所謂或書年號或僅書甲子乃皆見於目錄中故約作宋書特爲發其微趣（中引隋志及宋庠私記云云）約云「文章皆題歲月」者當是據錄之體例爲言至唐初其錄尚在故李善等依以作注後乃亡之遂淩亂失序無從校勘耳假令先生原集義熙以前亦止書甲子永初以後或併記年號休之無端造爲此說則當時之人皆可取陶集核對以斥其非豈有歷齊梁陳隋俱習焉不察李延壽反采入南史李善又取爲選注哉休之謂「昭明編錄有體次第可尋」竊意昭明自加搜校必依先生自定之目一以編年爲序若如今本孰能尋其次第……』右所云云深有理致若所推定者不謬則「錄一卷」之亡眞陶集之大不幸矣

（二）唐五卷本

舊唐志所著錄之五卷本或卽梁本而亡其錄也

（三）舊八卷本

陽休之所謂八卷無序者也此本殆於五卷外加入五孝傳一卷四八目上下二卷共爲八卷故休之據此而言五卷本之「闕少」也

（四）昭明太子八卷本

陽休之云『合序目誄傳而少五孝傳及四八目』宋庠云『有八卷者卽梁昭明太子所撰合序傳誄等在

集前。爲一卷。正集次之。亡其錄。』似昭明將舊五卷釐爲六卷。益以序誄傳爲一卷。附原錄爲一卷。故八卷也。休之謂『編錄有體次第可尋』當爲最善本。惜今不得見矣。其錄之亡。尤可痛惜也。

(五)七卷本。

晁公武云。『七卷者。梁蕭統編。以序傳顏延之誄載卷首。』蓋八卷本亡錄一卷。故爲七卷也。

(六)陽休之十卷本。

休之北齊人。官至尙書左僕射。與魏收齊名。此本蓋因昭明本。補入五孝傳及四八目。以爲十卷。具如序錄所述。宋庠言晚得江左舊書。其次第最入倫貫。晁公武謂庠所晚得者。卽休之本。未知信否。要之宋以來所傳本。大率皆因休之之舊而稍加顚倒也。休之言『幷序目等。』而宋庠私記記諸本有『然亦無錄』語。則隋志所謂『錄一卷』者。殆亡於宋時矣。

(七)唐二十卷本。

新唐志云爾。諸家從未道及。「二」字殆衍文耶。

* * * * *

陶集中有後人竄亂發生問題者。爲左列各事。

一五。孝傳及四八目。(卽聖賢羣輔錄)

此兩部分爲昭明本所無。其有之者。皆沿陽休之本。而休之所沿者。殆當時俗間通行之八卷本也。此兩部分決非淵明作。四庫提要辨之甚明。(見下)

二、四八目篇末之「八儒三墨」二條。
此爲僞中出僞辨詳宋庠私記。

三、歸園田居第六首（種苗在東皐……）
此首見文選乃江淹作題爲『擬陶徵君』蓋後人誤編入耳。李公煥注引韓子蒼云『陳述古本止有五首。』當以陳本爲正。

四、問來使一首（爾從山中來……）
洪邁容齋隨筆云『問來使詩諸家本皆不載。惟晁文元家本有之。天目疑非陶居處。』湯漢注云。『此蓋晚唐人因太白感秋詩而僞爲之』

五、四時詩一首（春水滿四澤……）
湯注云。『此顧凱之神情詩。類文有全篇。』許彥周詩語云。『此乃顧長康詩。誤入彭澤集。』

＊　＊　＊　＊　＊

前所述昭明本陽休之本及宋庠思悅晁公武……諸人所藏本。今皆不可得見。今存之本。以吾所知者如下。

（一）曾集本不分卷。
集贛川人。與朱子同時。其本刊於宋紹熙壬子。（三年）集自跋云。『淵明集行於世尙矣。校讎卷第。其詳見於宋宣徽私記。北齊陽休之論載。南康蓋淵明舊游處也。……求其集顧無有。……集竊不自揆摹寫詩文。刊爲一編。去其卷第與夫五孝傳以下四八目雜著所爲。犯是不韙。非敢有所去取。直欲嘐嘐眞淳吟詠情性。…

……雖以是獲罪於世之君子亦所不辭也。』毅然芟削五孝傳及四八目。當以集爲首。不寧惟是。並讀史述九章及扇上畫贊亦芟去。此兩篇諸家向無異辭。惟其文辭確有不類淵明之處。且諸家本皆不以入四言詩而附諸孟府君傳之後。亦明有增益嫌疑。集削之蓋有巨眼也。

此本曾見昭文瞿氏書目跋尾。其他藏家似皆未之見。前清光宣間上海廣智書局曾影印今傳本絕希。以吾所見精善之本無出其右。不獨年代最古而已。

(二)湯漢注本四卷。

漢字伯紀。謚文清。鄱陽人。宋史有傳。其注成於淳祐元年。分四卷。有詩無文。文僅錄桃花源記及歸去來辭。附於第四卷之末。其歸園田居第六首及問來使指爲贋品。附於最末。

此本何孟春云已佚。清乾隆末吳騫所刻拜經樓叢書中有之。

(三)李公煥箋注本十卷。

卷中標題『廬陵後學李公煥集錄』。惟無年月。不審何時人。何孟春謂是元人。不知何據。此本以梁昭明序及傳冠卷首。次採集諸家評陶爲總論。中分十卷。前四卷詩。五卷記辭傳述。六卷賦。七卷五孝傳及畫贊。八卷疏祭文。九十兩卷聖賢羣輔錄。末附錄顏延之誄陽休之序錄宋庠私記僧思悅背後及無名氏記。此本分卷蓋踵陽休之然。將五孝傳插入疏祭文前。恐非休之之舊。近年上海涵芬樓四部叢刊所收者即此本。

(四)何孟春注本十卷。

孟春字燕泉。書成於明正德戊寅。自記云『……世傳李公煥本。當是宋丞相所記江左舊書所謂最倫貫者。

春今考諸家移卷六賦二篇併入卷五，移卷五五柳先生傳孟府君傳同卷七，傳贊爲卷六，史述九章移桃花源記前加卷八與子儼等疏上爲卷七，四八目……中分自鄧禹以下爲卷八，卷九減舊一卷，而誄傳序錄記跋……錄次末簡，用足十卷之數。是雖少有更置，而倫貫依類，尤覺得宜……』按何氏移置卷次，自謂倫貫，然五孝傳實贋品，以與五柳傳孟府君傳同卷，殊不倫也。

（五）毛晉汲古閣本十卷。

以昭明序冠卷首，詩四卷，惟無問來使一首，餘與諸本同，五卷賦辭，六卷記傳畫贊述，七卷五孝傳，八卷疏祭文，九卷十卷四八目。

（六）焦竑本八卷。

詩四卷，惟歸田園居無江淹擬作一首，餘與諸本同。五卷賦辭，六卷記傳畫贊述，七卷五孝傳，八卷疏祭文，附錄顏誄及昭明傳序，無四八目。自敍云：『……友人以宋刻見遺，無聖賢之目，篇正與淵明舊本合……』陶澍云：『……昭明所編陶集正集止七卷，幷序目誄傳爲八卷。後又以錄別爲一卷，故隋志云九卷，亡其錄，故仍爲八卷……今焦本若去其卷七五孝傳，庶有合於昭明卷數耳。

此本吾未見，右據陶澍集注本所引。

（七）毛晉綠君亭本三卷。

以詩一百五十八章爲一卷，文十七篇爲一卷，四八目爲一卷。詩之歸園田居江淹擬作、問來使、四時聯句、四八目之八儒三墨皆不載正集，另見雜附中。

此本吾未見。右據陶澍集注本所引。

（八）毛扆藏紹興十年寫本十卷。

正集與汲古閣本全同。惟無附錄二卷。其字爲蘇體。然有紹興十年跋。知非北宋本也。廣州有重雕本。

（九）吳瞻泰注本四卷。有詩無文。

書成於清康熙乙酉。删去歸園田居江淹擬作。及問來使四時三首。而以桃花源詩列於卷末。幷附讀史述九章。

（十）清四庫全書本八卷。

提要云。『……宋庠時所行。一爲蕭統八卷本。以文列詩前。一爲陽休之十卷本。其他又數十本。……今世所行。卽庠稱江左本也。然昭明太子去潛世近。已不見五孝傳及四八目。不以入集。陽休之何由續得。且五孝傳及四八目所引。尙書自相矛盾。決不出於一手。當必依託之文。休之誤信而增之。以後諸本雖卷帙多少次第先後各有不同。其竄入僞作則同出一轍。實自休之所編始。……今並删除。惟編潛詩文。仍從昭明太子爲八卷。……』

按四庫本吾未見。不知各卷分合次第何如。惟提要所引宋庠語。謂蕭統本以文列詩前。似失考。庠謂昭明所作序傳及顏延之誄在集前耳。

（十一）陶澍集注本十卷。

書成於道光己亥。博證諸家。考證最精。編諸家序錄及誄傳爲卷首。其正集十卷。一至四詩。五賦辭。六記傳述贊七、疏祭文八、五孝傳九、十聖賢羣輔錄、卷末靖節先生年譜考異。

* * * * *

啓超案。欲編定完粹之陶集、應商榷之點如下。

一、五孝傳及聖賢羣輔錄、決爲贋品、當删。

二、歸田園居第六首問來使、四時、皆誤編、當删。

三、讀史述九章及扇上畫贊、疑僞、當入附錄。

四、今本分卷及各卷中之篇次、大率皆陽休之因昭明太子本而有所增益也。至於梁五卷本、休之所指爲「編次顚亂」者、其內容如何、殆非吾曹今日所能懸斷。試臆測之、或是詩文不分本耶。昭明區分文體、本無通識、觀文選可見。今本別文於詩、詩又別四言於五言、本皆無甚意義。五柳先生傳言『常著文章自娛、頗示己志』、未嘗別詩於文也。今本詩四卷中、第三第四兩卷、頗有編年痕跡可尋、次第當最近眞。其第一卷則徒以四言故別著之。第二卷首列形影神、殆以其爲談理之作、故以冠首。以下則年代最混雜之作品也。文則以題目末字分體、其所分略同文選、最爲無理。意此皆昭明顚倒舊本取便耳。吾既重撰陶公年譜、專就本集籀繹作品年月、略推定者過半、輒爲極大膽之舉、擬一「陶集私定本」、非敢云復五卷本之舊、聊貢同嗜者一咍云爾。

附　陶集私定本

命子

先生長子儼生後二三年內作也據篇中「日居月諸漸免於孩」文可證篇中言「三千之罪無後爲急顧慙華鬢負影隻立」似先生得子甚晚然乙巳年作歸去來兮辭已云「幼稚盈室」是已有多子其年先生三十四耳又先生諸子不同母見與子儼等疏先生又無姬妾見顏延之誄先生二十歲喪偶見怨詩然則假定儼爲元配出其子生當在先生年二十前也此詩又當爲二十一二時所作華鬢云云殆先生夙嬰羸疾髮白甚早否則文家弄筆之詞耳要之認本詩爲集中最先之作當無大過

悠悠我祖。爰自陶唐。邈焉虞賓。歷世重光。御龍勤夏。豕韋翼商。穆穆司徒。厥族以昌。左傳「分康叔以殷民七族陶氏施氏……陶叔授民命以康誥……」以職在授民故名司徒此敘得姓之由

紛紛戰國。漠漠衰周。鳳隱於林。幽人在丘。逸虯遶雲。奔鯨駭流。天集有漢。眷予愍侯。高帝功臣表開封愍侯陶舍以右司馬從漢破代封侯」

於赫愍侯。運當攀龍。撫劍風邁。顯茲武功。書誓山河。啓土開封。亹亹丞相。允迪前蹤。漢書百官公卿表「孝景三年八月丁未御史大夫陶青爲丞相」

渾渾長源。蔚蔚洪柯。洪大也柯榦也羣川載導。衆條載羅。言枝派衍布時有語默。易繫辭「君子之道或出或處或默或語」運因隆窊。隆崇高也窊汙大也

在我中晉。業融長沙。陶侃先生曾祖也位至八州都督封長沙郡公謚曰桓

桓桓長沙。伊勳伊德。天子疇我。漢書宣帝紀「疇其爵邑」張晏曰「疇者等也」專征南國。功遂辭歸。臨寵不忒。孰謂斯心。而近可得。言心期高遠近世不可復得

肅矣我祖。愼終如始。直方二臺。惠和千里。晉書本傳「祖茂武昌太守」於皇仁考。淡焉虛止。寄跡風雲。冥茲慍喜。父名無考李注引陶茂麟

家譜言爲姿城太守

嗟余寡陋。瞻望弗及。顧慙華鬢。負影隻立。三千之罪。無後爲急。我誠念哉。呱聞爾泣。卜云嘉日。占亦良時。名汝曰儼。字汝求思。溫恭朝夕。念茲在茲。尚想孔伋。庶其企而。而語辭詩「唐棣之華翩其反而豈不爾思室是遠而」厲夜生子。遽而求火。莊子天地篇「厲之人半夜生其子遽取火而視之汲汲然惟恐其似己也」案厲之人謂有癘疾者凡百有心。奚特於我。既見其生。實欲其可。人亦有言。斯情無假。

日居月諸。詩經文漸免於孩。論語「子生三年然後免於父母之懷」福不虛至。禍亦易來。夙興夜寐。願爾斯才。爾之不才。亦已焉哉。

始作鎮軍參軍經曲阿

鎮軍者鎮軍將軍也晉制將軍開府爲持節都督者有參軍六人此鎮軍似是劉裕誤也說詳年譜曲阿者吳譜云「今丹陽縣」牢之時鎮京口（鎮江）故就劉牢之幕職之時文經選此李此注詩指舊爲本劉以冠卷三之首在「庚子歲從都還」篇之前今推定爲隆安二年或三年作題云「始作」蓋先生服官之始也即飲酒篇所謂「校耒去學仕」之時頗有用世之志故有「或時來苟宜會……」等語然終非性所安習故又云「望雲慙高鳥臨水愧游魚」

弱齡寄事外。委懷在琴書。被褐欣自得。屢空常晏如。時來苟宜諸本皆作冥此從文選會。宛轡諸本作婉變此從文選李善注云「宛屈也言屈長往之駕」憩通衢。投策命晨裝。暫與園田疏。眇眇孤舟逝。緜緜歸思紆。曲也長也我行豈不遙。登降諸本作陟此從文選千里餘。目倦川塗異。心念山澤居。望雲慙高鳥。臨水愧游魚。眞想初在襟。誰謂形跡拘。聊且憑化遷。終返班生廬。班固幽居賦「求幽貞之所廬」

庚子歲五月中從都還阻風於規林

集中詩題標年月者以此首爲始庚子者晉安帝隆安四年先生二十九歲也都即金陵規林地無考此詩乃在鎮軍幕中休假還家省親之作故云「侍溫顏」云「戀所生」云「歸子念前途」又有「凱

風」句知所省者爲母也

行行循歸路。計日望舊居。一欣侍溫顏。再喜見友于。書「友于兄弟」此歇後語也先生似無同懷昆弟此文或指女弟或指從弟敬遠等 鼓棹路崎曲。指景限西隅。景日影也 江山豈不險。歸子念前途。凱風負我心。詩「凱風自南吹彼棘心棘心夭夭母氏劬勞」顏誄云「母老子幼就養勤匱」辭母遠遊故云「負心」也 巇梱守窮湖。高莽眇無界。夏木獨森疏。誰言客舟遠。近瞻百里餘。延目識南嶺。空欲將焉如。自古歎行役。我今始知之。山川一何曠。巽坎難與期。巽風也坎水也 崩浪聒天響。長風無息時。久游戀所生。如何淹在茲。靜念園林好。人間良可辭。當年詎有幾。縱心復何疑。

辛丑歲七月赴假還江陵夜行塗口 口各本作中此從文選

此詩蓋從鎮軍幕府乞假去職時所作文選李善注引江圖云「自沙陽縣下流一百一十里至赤圻赤圻二十里至塗口」今屬何地不能確指此題於江陵言「還」似先生時僑寓彼地祭妹文述丁憂事亦有「昔在江陵」語也其年先生正三十歲故有「閑居三十載」語作此詩後似繼續居江陵一年有奇

閑居三十載。遂與塵事冥。詩書敦宿好。林園無世情。諸本作俗情此從文選 加何舍此生。遙遙至西荊。李善注云「荊州也時京都在東故謂荊州爲西也」諸本作南荊非 叩栧新秋月。臨流別友生。涼風起將夕。夜景湛虛明。昭昭天宇闊。晶晶川上平。懷役不遑寐。中宵尚孤征。商歌非吾事。李善注曰「淮南子甯戚商歌車下而桓公慨然而語」按此言干謁非所欲也 依依在耦耕。投冠旋舊墟。不爲好爵縈。養眞衡茅下。庶以善自名。（按原稿至此止）

飲冰室專集之九十七

朱舜水先生年譜

庚子 明萬歷二十八年 十月十二日申時先生生

先生諱之瑜。（張廷枚姚江詩存作「之璵」誤）字魯璵。（姚江詩存作「楚璵」海東逸史舜水先生別傳云「字楚璵至海外復字魯璵」今井弘濟安積覺合撰舜水先生行實云「字魯璵」附注云「魯作楚非也印章訛刻「楚璵」不復改刻故人或稱楚璵」）學者稱舜水先生。（先生在江戶時源光國敬禮之不敢稱其字欲得一菴齋之號稱之先生答言無有三次致言乃曰舜水者敝邑水名也古人多有以本鄉山水爲號者舜水之稱始此（卷九葉六與安東守約書））姓朱氏。（答源光國雜問（卷十三葉二）云「僕系出於邾秦楚之際去邑爲朱入國初先祖於皇帝族屬爲兄雅不欲以天潢爲累物色屢徵堅臥不起遂更姓爲「諸」故生則爲諸及祔主入廟題姓爲朱僕生之年始復今姓」啓超案湯壽潛舜水遺書序引黃太沖記兩異人諱朱作諸啓超未得見太沖之記但作「諸」者恐是名從主人太沖與先生同里閈殆僅知其族爲諸氏耳）浙江餘姚人。寄籍南直之松江。曾祖詔。號守愚。祖孔孟。號惠翁。父正。號定寰。母金氏。生三子。伯兄啓明。一名之琦。天啓乙丑武進士。官南京神武營總兵。以忤閹削職。崇禎間特旨昭雪。授漕運總督。未之任。清順治間強起之。不可。後以老壽卒。（與諸孫男書云「汝伯祖官至開府罷職不及一兩月家無餘財宗戚過我門者必指以示人曰「此清官家」以爲嗤笑」（卷四葉四）與吉弘元常書云「家兄通籍四十載徒立相如之壁虜氣濁亂之後勉種東陵之瓜」（卷八葉十四））仲兄之瑾。諸生。弱冠卒。

松軒書錄頁一二〇『朱舜水文集二十八卷。此從元祿本迻錄日本鈔本。末有門人今井洪濟撰行實云文恭先生諱之瑜。字魯璵。下注云。魯作楚非也。印章誤刻楚璵。不復改刻。故人或稱楚璵。按餘姚志作楚璵。』

是年姚泰生。泰字步瀛同縣人先生子婦之父先生出亡後撫其諸孫與諸孫男書云『汝外祖姚親翁盛德君子與我同年生』

辛丑二十九年先生二歲

壬寅三十年先生三歲

癸卯三十一年先生四歲

甲辰三十二年先生五歲

乙巳三十三年先生六歲

答安東守約書卷九葉十三云。『鄉長老每言總角時志概。不佞已不能憶矣。』

丙午三十四年先生七歲

丁未三十五年先生八歲

是年先生喪父。行實云『九歲喪父哀毀逾禮』啓超案祭先府君文云『未九齡而背父』（卷二十二）答安東守約書云『方齔而先大夫即世』（卷九葉十九）是喪父當在八歲答安東守約雜問卷十四葉九云『不佞每見典籍。竊自傷心。不幸幼齡喪父。不知爲學之道。遂昧昧至此。』

戊申三十六年先生九歲

己酉三十七年先生十歲

庚戌三十八年先生十一歲

是年黃宗羲生。

辛亥三十九年先生十二歲

壬子四十年先生十三歲

癸丑四十一年先生十四歲

是年顧炎武生。

甲寅四十二年先生十五歲

乙卯四十三年先生十六歲

丙辰四十四年先生十七歲

丁巳四十五年先生十八歲

戊午四十六年先生十九歲

是年長子大成生。與諸孫男書云『我今年七十八歲』又云『此書本與汝父元楷舊年有一盧姓者來云已物故我雖不信然五十七歲人死亦常事故寄與汝輩耳』據此知大成生於是年

先生娶葉氏。生子二。長大成。字元楷。次大咸。字元模。繼娶陳氏。生女高。爾夫人來歸及卒年。大成生年。皆無考。附識於此。

按先生僅有二男大成字集之大咸字咸一（據行實）元楷元模當係改名似非其字據先生丁巳與諸孫男書有汝父元楷字是士則否今忘之已之注腳可見元楷非字

是年清兵陷撫順。

己未四十七年先生二十歲

與諸孫男書云『我自幼食貧。齏鹽疏布。年二十歲。遭逢七載饑荒。養贍一家數十口。無有不得其所者。』

行實云『少抱經濟之志．動輒適禮．宗族及鄉先生．多以公輔相期．弱冠見世道日壞．國是日非．慨然絕進仕之懷．每對妻子云．我若第一進士．作一縣令．初年必逮係．三年百姓誦德．上官稱譽．必得科道．由此建言．必獲大罪．身家不保．自揣淺衷激烈．不能容忍含弘．故絕志於上進耳』

答小宅生順書（卷八葉六）云『僕幼學之時．固有用行之志．逮夫弱冠．不偶．彼時時事大非．即有退耕之心．荊妻頗能一德．饒有孟光桓少君之風．而父兄宗族戚友不聽．不得不勉強應世．實無心於富貴矣』

是年．清兵陷開原．

是年．王夫之生．

庚申（泰昌元年）先生二十一歲

行實云『長受業於吏部左侍郎朱永佑』不知在何年．附於此．（與諸孫男書云『吏部侍郎朱聞遠老師諱永祐松江華亭人』啓超案永祐殉節於舟山．全謝山鮚埼亭集有朱公事狀）

辛酉（天啓元年）先生二十二歲

是年．清兵陷瀋陽遼陽．

壬戌（二年）先生二十三歲

是年．清兵破西平堡．陷廣寧．

是年．日本安東守約生．

癸亥（三年）先生二十四歲

甲子四年先生二十五歲
是年張斐生。
乙丑五年先生二十六歲
丙寅六年先生二十七歲
丁卯七年先生二十八歲
戊辰崇禎元年先生二十九歲
是年陝西饑。流賊大起。
是年日本源光國生。
己巳二年先生三十歲
庚午三年先生三十一歲
辛未四年先生三十二歲
是年八月清兵圍大淩城。閏十一月。登州游擊孔有德反。
壬申五年先生三十三歲
癸酉六年先生三十四歲
是年二月。流賊犯畿南河北。七月清兵陷旅順。
甲戌七年先生三十五歲

女高生於是年或明年。高字柔端。陳夫人出。先生所最愛。國變後。憤壻家降虜。鬱鬱致疾。未嫁卒。行實云「高忠孝性成聰明絕世六歲喪母如成人遇事先意承志先生藉以忘憂變革以來年十二三嚴備利刃晝夜不去身其姈驟焉問之曰儞此作何事曰今夷虜犬羊豈知禮義兒若有不幸即以此自刎寧肯辱身其姈與同臥起欲竊其刀四年不能得幼字同邑何氏因其舅爲滿官憤其失節又日夜思父遘疾未嫁而亡是時先生在外不知其亡年大約在壬辰癸巳間也」上監國魯王疏（卷三葉三）云「臣幼女高死忠死孝最爲幽慘」與陳遵之書（卷四葉二）云「吾女明德淑順動合矩度鄉邦稱之」又云「吾女舉世無其匹又弟所鍾愛」與諸孫男書云「來時須往汝姑娘殯前辭行直言所往汝姑娘性至孝且魂氣無不之或自隨來也」啓超案遵之蓋陳夫人昆弟即柔端母舅也柔端所許字者爲何東平子（見別傳）東平蓋黨於馬阮而欲牽率先生者事見後先生與遵之書時年六十七與諸孫男書時年七十八猶讚憶柔端如是可想其鍾愛之篤柔端生年據行實所記略推定係於此

是年七月。清兵入上方堡至宣府。十一月。流賊自陝西分犯河南。江北。湖廣。

乙亥八年　先生三十六歲

是年正月。流賊陷鳳陽。十一月。陷陝州。攻洛陽。

是年。顔元生。

丙子九年　先生三十七歲

是年七月。清兵入塞。八月。東歸。

答安東守約雜問云「問老師姓朱氏。文公之裔否。答寒族多爲此言。丙子丁丑年間。得家譜。言文公子爲徽邑令。家於餘姚。惟一世不淸楚。像贊誥勅國璽班班可考也。闔族俱欲附會。獨不佞云只此一世便不足憑。且近不能惇睦九族。何用妄認遠祖。狄武襄青武人。尚不認狄梁公。何用如此。文公新安人。不佞餘姚人。若能自樹立。何必不自我作祖。若棄其先德。則四凶非賢聖之裔乎。」啓超案此事雖小節足見先生務實不好虛榮倔强不肯攀援自少年已然矣

丁丑十年先生三十八歲

戊寅十一年先生三十九歲

是年，先生以恩貢生貢於禮部。答源光國問履歷緣由云「崇禎口年口月蒙提督蘇松等處學政亓口薦文武全才第一名到禮部禮部貢劄有「德茂遼東之管」等語」啓亓超案據顧亭林年譜「亓煒濰縣人以崇禎十一年督學蘇松」然則先生之貢當在此年惟據與諸孫男書又云「禮部尚書吳稱山老師諱鍾巒我恩貢座師也我貢劄爲開國來第一吳老師手筆也」似貢之者爲鍾巒然據黃宗羲海外慟哭記及全祖望鮚埼亭集則鍾巒登崇禎甲戌進士選長興知縣降紹興府照磨弘光時始召爲禮部主事在崇禎間決無曾任提學事豈鍾巒謫官後嘗參亓煒幕耶

按據行實『崇禎某年……舉文武全才第一名薦於禮部崇禎十六年癸未十月幕府辟爲監紀同知不受尋擢恩貢生考官吳鍾巒貢劄稱爲開國來第一』似以舉文武全才及擢恩貢爲兩事或果薦於禮部而未得貢及癸未始被擢也考此文語氣『尋』字又似爲不就監紀同知後方應試者

明史卷二百七十六張肯堂列傳吳鍾巒傳附云『吳鍾巒字巒稚武進人崇禎七年進士授長興知縣以旱潦徵練餉不中額謫紹興照磨踰年移桂林推官……福王立遷禮部主事……魯王起兵以鍾巒爲禮部尚書』則崇禎間鍾巒決無任提學之理再自遭貶謫幷未掛冠歸里則參亓煒幕事亦不能謂爲必然

是年九月，清兵入塞。

己卯十二年先生四十歲

行實云『年至四十，欲棄舉子業，諸父兄不許，每逢大比，遊戲了事。』

是年正月，清兵入濟南，德王由樞被執。

庚辰十三年先生四十一歲

是年九月.張獻忠陷劍州.

辛巳十四年 先生四十二歲

是年正月.李自成陷河南.殺福王常洵.張獻忠陷襄陽.殺襄王翊銘.十一月.李自成陷南陽.殺唐王聿鏌.

壬午十五年 先生四十三歲

是年二月.清兵克松山下錦州.五月.張獻忠陷廬州.九月.李自成陷開封.十一月.清兵入薊州.連陷畿南山東州縣.

癸未十六年 先生四十四歲

十月.鎮守貴（字疑誤）州等處總兵官方某辟監紀同知不就.（見答源光國問履歷方某即方國安）

是年先生喪母（？）續聘胡氏爲繼室.因喪亂.卒未娶.（行實云『後聘胡氏先是妻父胡公必欲以配之而先生固辭者三胡公不許先生適會母喪未娶後値亂離數寄書使別配胡公堅執不允後亦莫知其存亡』啓超案己丑年上魯王疏云『聘七年而不娶疑有去帷之生妻』然則續聘當在本年）

按先生舉孝廉在庚寅三月『立刻疏辭』則上魯王辭孝廉疏自亦在庚寅無疑所云『聘七年而不娶』續聘自應在甲申年以母喪而未娶則當是甫定聘而母死故不及於是年娶也故姑斷定聘妻喪母同在甲申年

甲申（崇禎十七年 清順治元年） 先生四十五歲

三月十九日.流寇陷京師.帝殉國.

四月.清師入關.五月初三日.建元順治.

五月初一日福王由崧即位於南京以明年爲弘光元年。

南都初建江南總兵方國安薦先生奉詔特徵不就。

乙酉（弘光元年隆武元年清順治二年） 先生四十六歲

正月再奉詔特徵不就。四月就拜江西提刑按察司副使兼兵部職方司郎中監鎮東伯方國安軍。不拜。（據答源光國問及安南供役紀事紀事稱監荊國公方國安軍啓超案國安以是年十一月魯王監國時始進封荊國公紀事誤記也）於是閣部勳鎮科道交章論劾。謂偃蹇不奉朝命無人臣禮。先生星夜遁逃海濱。（據供役紀事行實云『此時左良玉之子夢庚背叛報急羽檄張皇故得免於逮捕既而自舟山至日本』啓超案據此則所謂遁逃海濱者即舟山也其識黃斌卿或即在此時）

答安東守約雜問（卷十四葉二）云。『問老師徵辟不就。其義如何。答。不佞事與吳徵君（案康齋先生與弼也）極相類。薦吳徵君者石亨。權將也。薦不佞者方國安。方擁重兵。有寵於上也。吳至授六品官而辭之。不佞兩次不開讀而即授四品官不拜。其間稍異耳。吳徵君時。當國者李相公賢。賢相也。英宗復辟之後。賢主也。尙有可就之理。徵不佞時。當國者爲馬士英。姦相也。彼時馬士英遣其私人周某同不佞之親家何不波（原注云進士名東平即小女之舅）到寓再三勸勉。深致慇懃。若不佞一受其官。必膺異數。既膺異數。自當感恩圖報。若與相首尾。是姦臣同黨也。若直行無私。是背義忘恩也。是擧君自伐也。均不免於君子之譏。天下萬世之罪。故不顧身家性命而力辭之。不然。不佞亦功名之士。釋褐卽爲四品道官兼京職。監軍四十八萬。與國公大將軍迭爲賓主。豈不煊赫。而乃力辭之乎。要知不佞見得天下事不可爲而後辭之。非洗耳飲牛羊裘釣魚者比也。亦非漢季諸儒閉門養高以邀朝譽也。』答源光國問履歷（卷十三葉五）云。『之瑜少壯家修。本志功名鍾鼎。痛憤憸壬構禍。立見社稷傾頹。幸邀兩次特徵。雖百年鉅典遠勝於科目貢舉。然顛廈非一木所支。大川豈一人攸濟。且救焚當豫籌於曲突之先。枝柱必無補於棟撓之後。不得不忍情辭遜。原非欲沽名養高』又答小宅生順書（卷八葉六）云『僕素民物爲懷。綏安念切。非敢以石隱爲高自矜名譽。但一木之微。支人既傾之廈。近則爲他人任過。遠則使後之君子執筆而譏笑之。故忍死不爲耳』（啓超案此數段關於先生出處大節故錄之國安之知有先生或即由何東平東平爲先生親家然實庸闇勢利之人後此降清致先生女柔端憤鬱以死者也）

五月初九日清師渡江。初十日福王出走。十五日清師入南都。　先生亡命至日本。（啓超案安南供役紀事云『數月不見緹騎已後遂有逆虜之變之瑜不別家人隻身前來日本已十三年』紀事作於丁酉年云十三年則先生初至日本當在乙酉也　又案與男大成書云『我以兄弟責善又以滿朝上疏彈劾網羅密布立刻擒拏一時倉皇逃竄不能入城與汝伯父作別至今悔恨無已』細按情節似是被徵時其兄頗以出山相督促故云責善先生亡命伏海濱數月旋聞南京之變遂奔日本蓋自是年四月以後即不復與家人見面矣）

六月。鄭鴻逵蘇觀生黃道周張肯堂等奉唐王聿鍵監國於福州。旋卽位。改元隆武。

閏六月。張國維熊汝霖孫嘉績錢肅樂等奉魯王以海監國於紹興。馬士英竄入方國安營中。

丙戌（魯監國元年隆武二年清順治三年）先生四十七歲

六月。清師下浙江。方國安馬士英迎降。旋伏誅。張名振奉魯王以舟師出海投黃斌卿於舟山。斌卿不納。遂入閩。次中左所。（即廈門）

十月。陳子壯丁魁楚瞿式耜等。奉桂王由榔監國於肇慶。旋卽位。以明年爲永歷元年。

十一月。清師下建寧延平。唐王走汀州。被執遇害。

是年先生至安南。（安南供役紀事云『因中國折柱缺維天傾日喪不甘薙髮從虜逃避貴邦至今一十二年』蓋先生初亡命日本彼中海禁方嚴不容外人故轉徙至安南也）

丁亥（監國二年永歷元年清順治四年）先生四十八歲

是年魯王次福建之長垣。

先生返國至舟山（？）口月。舟山守將黃斌卿承制授先生昌國縣知縣。不受。十月題請監察御史管理屯田事務。不受。又聘請軍前贊畫。不就。據答源光國問履歷　啓超案原文云「隆武三年永歷二年口月欽差恢剿直浙掛口將軍印少　師銜太子太師賜尚方劍蟒玉招討大將軍威虜侯黃某承制……」隆武爲唐王年號唐王去年已被害此稱隆武三年者黃宗羲行朝錄於丙戌年下云「朱成功不欲奉上（魯王）改明年爲隆武三年鄭彩奉上次長垣改明年爲魯監國二年海上遂有二朔」黃斌卿其時亦不奉魯王故稱隆武三年耶又桂王去年即位以今年爲永歷元年此云二年者殆在遠不知確息誤以爲即位即改元也　又案舟山在元時爲昌國州殆當時已改爲縣故斌卿承制授先生知縣　又案黃宗羲舟山興廢記丁亥四月事云「斌卿進爵肅虜侯」其承制授官當是四月以後事　又案張名振時在舟山先生與名振之關係蓋自此始　又據舟山興廢張煌言馮京第其時皆在舟山後此馮　公乞師日本或亦由先生發其端　先生雖不就職。然於斌卿之强悍不法。數有所救正。據別傳　啓超案答安東守約書（卷九葉十九）云「知已兩字他人以爲壽常贈遺語不佞絕不肯許人……威虜侯黃虎老知之而未盡」據此則斌卿蓋尚能敬禮先生矣

十月魯王以吳鍾巒爲通政司使。旋晉禮部尚書。

是年王翊聚義兵於四明山寨。

戊子　監國三年　永歷二年　清順治五年　先生四十九歲

是年魯王次閩安鎮。

先生偕（？）御史馮京第往日本乞師。日師不出。致洪武錢數十萬助軍實。別傳云「時內地單弱欲藉海外之師爲嚮應京第勸斌卿乞師日本斌卿因命弟孝卿副京第往之瑜從之撤斯瑪（即薩摩）王許發罪人三千及洪武錢數十萬京第先歸之瑜留而師不果出」　啓超案黃宗羲乞師日本記記京第此行及其關係人頗詳盡而無一字及先生先生最篤於友誼而集中無一字及京第然則先生……是否曾與京第偕行尚疑問然先生奔走日本安南必將有所爲其所著陽九述略云「申包胥眞人傑也……瑜靦顏蒇息能無愧之哉」又行實云「先生與舟山諸將密定恢復之策所以屢至日本者欲以王翊爲主將而借援兵也然在日本未嘗漏洩機」則乞師之策先生必與聞其與於斯役亦意中事但別傳言先生以彼時留日本似不確當時留者爲黃孝卿以飲酒狎

妓爲日人所輕見乞師記本年及明年先生踪跡似不在日本也

己丑 監國四年永歷三年清順治六年　先生五十歲

是年正月。魯王次沙埕。

七月。閩地盡陷。張名振迎王入浙。次健跳。

九月。張名振阮進王朝先共殺黃斌卿。劉獻廷廣陽雜記云『黃斌卿閩之漳州人崇禎十七年破家募兵勤王行至山東聞北都已陷至南京錫以鎭南將軍印鎭蕪湖後方國安至馬士英奪其印以與國安斌卿散其衆而歸』啓超案斌卿舟山以前事諸書記載多闕其人固有肝膽者且能敬禮先生未可厚非也

十月。王次舟山。以張肯堂爲東閣大學士。朱永佑爲吏部侍郎。王翊爲河南道御史。

是年。先生蓋在廈門。（?）答安東守約雜問云『兩年在廈門』

庚寅 監國五年永歷四年清順治七年　先生五十一歲

是年。魯王次舟山。

是年。先生來往於廈門舟山間（?）。正月。安洋將軍劉世勳疏薦監紀推官。不受。吏部左侍郎朱永佑薦授兵科給事中。旋改吏科給事中。不受。禮部尚書吳鍾巒薦授翰林院官。不受。三月。巡按直浙監察御史王翊薦舉孝廉。立刻疏辭。據答源光國問原文又云『通計徵召薦辟除擬除亢院一疏薦外凡一十二次始終不受此時天下大亂憲綱蕩然前後不相聞知內外不相照會況瑜一意韜藏嚴禁家人子弟一字不許宣露止稱生員後因監國魯王駐蹕舟山間與朝會理合開具朝單恐涉欺君罪不可貫是故酌量其中權稱貢生然猶隱避初意所以連次授官或京或外倏高倏卑殊無倫次』丁酉年二月上魯王謝恩疏云『臣在舟山銓臣按臣見臣不肯任事又見臣誓不降虜萬死一生舉臣孝廉臣止之而不及即當按臣前草表請辭後輔臣擬旨云「朱之瑜果否的係貢生該部確察具奏」輔臣與臣同里閈……豈不知臣之詳意蓋有爲耳』啓超案銓臣即朱永佑按臣即王翊輔臣即張肯堂與諸孫男書云『鯢老張肯堂松江華亭人欲與我相親我三次拒絕之是以與我極不相好然其臨死一節可取不料其能決烈至此』據此可知肯堂

揄揚先生之原因行實言肯堂爲先生少年業師誤也

答安東守約雜問云『魯王未知我三詔特徵之事．不佞又㢧藏謹密．止稱恩貢生．……然使彼時知其詳．我必與舟山同死．不得來此有今日之事矣．可見萬事皆有倚伏也．』

是年三月．先生與王翊始定交．祭王侍郎文二（卷二十葉三）云『瑜與先生初遇於滃洲（卽舟山）相見最晚相知最深言論擧止未嘗有毛髮之間然』別傳云『王翊之朝王也與之瑜相見恨晚』啓超案據黃梨洲四明山寨記王翊以庚寅三月朝行在先生與翊定交當在此時已逆料舟山之將敗．相與太息．祭王侍郎文二云『先生早知事不可爲於累捷之時嘗記滃洲頹垣廢址之間屏人靜對與瑜咨嗟歎息』

先生復有浮海之役．在舟中爲清兵所迫脅．白刃合圍．欲使就降髡髮．先生誓以必死．談笑自若．同舟劉文高等七人感其義烈．駕舟送還舟山．據行實啓超案集中有陷難告天文中云『乃者身陷大澤進退皆觸網羅……之瑜一身不足惜深明於生寄死歸劉文高等七人其何辜乃使之爲善蒙禍』據此則劉文高等當是先生同志同患之人非臨時方感其義烈且能以力脫先生於險也其何以能脫險卒無可考

按文集卷九第十頁答安東守約書『如今月十六已入日本境界羣龍鼓浪須鬣鱗爪皆現舟已將傾人人喪膽……及後事定無恙舟中人但見不佞先於波浪掀翻之際作書投之水』此書是否集中所載庚寅陷難告天文細玩此文語氣如『今日再蕩洪波前後都無畔岸吐喬鯨穴玩弄虎牙』似在海中遇風非指清兵迫脅之事．然文集卷九謂遇風浪在十六日．此則陷難禱天在三月七日．究不知此文何所指

是年．先生似曾居四明山寨中．啓超案先生曾否入四明山在本集中無可考張廷枚姚江詩存載先生詩十四首其所作小傳言先生國變後「躬耕四明」中有酬吳霞舟（卽鍾巒）一首結聯云『漫作山中約歸耕向四明』廷枚或卽因此語推定其「躬耕」惟先生與王完勳（翊）交期旣篤彼時舟山行朝無事可辦則偕完勳入四明亦意中事先生遺文皆海外作其僅存於國內惟此十四首詩或卽本年之作遺稿幸落四明山中者耶今錄其游仙詩十二首之一以見先生詩格『子房蕭洒人早歲友黃綺自見長桑君慷慨念國恥吁嗟一擊誤飛迹千里徙浮沈閭黨間潛跡尤譎詭故人采紫芝匿影空

山裏故使圯下翁脫屣示深旨嚴霜下五更對語興亡理際會及風雲婉嫿出餘技俛仰思舊游浩然不可止不師黃石公去從赤松子』

遺文　上監國魯王辭孝廉疏〔卷三葉一〕　庚寅年陷難告天文〔卷二十二葉六〕

辛卯監國六年永歷五年淸順治八年　先生五十二歲

正月。魯王次舟山。

二月。張名振殺黃斌卿舊部將王朝先。行實云『舟山諸將互抱疑貳欲相屠殺先生豫料禍敗』啓超案王朝先之被殺實舟山致敗之一因詳見結埼亭集定西侯張公墓碑』

六月。先生將去舟山。張煌言挽留之。先生以海濱無田可耕。坐而糜餉。有負本志。遂行。答安東守約雜問〔卷十四葉六〕云『問老師比年在何處中國喪亂無所住乎答兩年在厦門舟山人人擬留留意非不堅也但不佞心不安兵部左侍郎張玄箸諱煌言者留之不佞不肯云尙要過日本張云『我們在此留年翁一人留不住日本人聞之亦當笑我等』然不佞不能留也何故彼地無田可耕不能自食其力惟漁亦可然捕魚舵梢與劫盜無異不可爲也若坐而日糜糧餉彼之來者皆百姓之肉與血甚者打糧食——打糧者打家劫舍掠人質子而來物者也焉有仁人日膳人之肉膏人之血𠻳人之子之骨而可爲者⋮⋮』啓超案黃梨洲海外慟哭記記舟山事也其自序云『當此之時諸臣默默無所用力俯首而聽武人之恣睢排奡』蓋彼時諸志士在舟山者實無從參其末議以救顛危故梨洲已以去年乞假歸而先生亦去非以危禍將至而取巧規避也又案祭王侍郎文云『辛卯年九月瑜少子自舟山來謂先生授命於七月廿六日是瑜去舟山未盈月而先生死矣』據此可知先生之去舟山在本年六月杪或七月初

八月。淸兵陷四明山寨。兵部侍郎王翊被執不屈死。

答田犀書〔卷八葉十三〕云『中秋爲知友王侍郎完節之日。慘逾柴市。烈倍文山。僕至其時。備懷傷感。終身遂廢此令節。』答野節雜帖〔卷十二葉十四〕云『十五日爲知友王侍郎殉忠之日此日不喜接見一客亦不至於談笑』啓超案侍郎實以八月十三日就義先生在遠未審耳

啓超案王侍郎爲先生生平唯一之知友今據黃梨洲四明山寨記海外慟哭記全謝山結埼亭集王公墓碑及本集祭王侍郎文略記其行實如下王翊字完勛浙江慈谿人從居餘姚監國二年丁亥與同縣王江聚兵於沿海爲黃斌卿內應斌卿攻甯波不克而去翊遂入四明山結寨以屯黃宗羲以所部世忠營餘卒屬之戊子三月破上虞殺虜官浙東大震時馮京第張煌言等皆聚兵於寨而翊軍最強蔓延四明八百里之內設爲

五營五內司王江則專主餉勸分富室人皆樂輸翊計天下不能無事欲待諸數年以爲中原應己丑六月魯王次健跳就拜翊河南道御史庚寅三月翊朝行在拜都御史旋陞兵部左侍郎清人遣招降翊臨其使辛卯清將攻舟山恐翊議其後乃先以全力攻寨圍之數月寨兵降殺殆盡七月廿四日翊被執於北溪清帥某欲觀絕命詩授筆於翊其詩結句「平生忠憤血飛濺於羣鹵」書畢引筆擲帥面而出清師將會定海繫翊以待每日從容東嶼掠鬢修容謂清人曰使汝曹見此漢官威儀也爲文自祭並祭其侶八月十三日清師畢集總督陳錦訊之翊坐地上曰毋多言成敗利鈍天也汝又何知清帥攢矢射之劉某矢中肩田某矢中頰金某矢中脅翊不稍動絕其吭始仆翊從者二人掠之則跪而向翊北人見之皆爲泣下曰非獨王公之忠也乃其從者亦義士也

是月。定西侯張名振奉魯王去舟山次崇明。清兵猛攻舟山。安洋將軍劉世勳左都督張名揚背城力戰。九月初二日城陷。大學士張肯堂。禮部尚書吳鍾巒。吏部侍郎朱永佑。……及世勳名揚皆死之。鍾巒字稺山號霞舟武進人永佑字聞玄崑山人皆先生之師且嘗薦舉先生者肯堂字載寧號鯢淵松江人其與先生關係見前三人事蹟皆見海外慟哭記及鮚埼亭集世勳南直人曾薦先生　文集卷四致定西侯張公書云「去秋之前瑜幼子至知舟山被陷藩臺奉主上阻於外宮眷及閣府俱自焚可勝驚悼」附定西侯來書云「別後狡虜窺關三路並至不意蕩胡以輕敵陣亡虜騎遂得飛渡不佞直堵吳淞幸獲全捷而孤城援絕死守十日竟爲所破不佞闔門自焚而全城被僇矣」此即先生與張名振往復追述舟山慘史之書「蕩胡」者阮進名振部將時封蕩胡伯也

先生去舟山。赴安南。上魯王謝恩疏云「辛卯年七月預避虜難從舟山復至安南」旋適日本。有避地久居意。而日人鎖國正嚴。不許逗留。乃以一揭帖上長崎鎮官。略云「辛卯歲十月日朱之瑜謹揭。敝邑運當季世。奸貪無道。以致小民怨叛。天下喪於逆虜。使瑜蒙面喪心。取尊官如拾芥耳。然而不爲者。以瑜祖父兄世叨科甲。世膺誥贈。何忍辮髮髡首以臣仇虜。然而不死者。瑜雖歷舉明經孝廉。三蒙徵辟。因見天下大亂。君子道消。故力辭不就。不受君祿。而家有父母未襄之事。義不得許君以死。側聞貴國敦詩書而尚禮義。是以不謀家人。遁逃至此。不意來此七年。憂辱百端。……今瑜歸路絕矣。瑜之師友三人。啓超案謂王翊吳鍾巒朱永佑或闔室自焚。或賦詩臨刑。無一存者矣。故敢昧死上書。惟閣下裁擇而轉達之執政。或使瑜暫留長崎。編管何所以取進止。或附船往東京交阯以聽後命……」

（啓超案此揭似不見省故明年仍往安南揭中云來此七年者以初次來時計耳非謂居七年也）

是秋。次子大咸來省覲。（據致定西侯張公書及祭王侍郎文知大咸以是年九月來觀據上長崎鎮揭云『辛卯歲十月』知大咸謁先生當在長崎矣）

遺文　上長崎鎮揭（卷三葉四）

壬辰（監國七年永歷六年清順治九年）　先生五十三歲

正月。張名振沈宸荃張煌言扈魯王次中左所。（卽廈門）尋移金門。

是年春夏間。先生在安南患病甚劇。（致定西侯書云『直至今年四月於交趾路聞動定卽欲附廈門黃紫官船來奉慰適爲劇病所困』）秋間。復過日本。旋卽行。（送林道榮之東武序云『壬辰秋復過日本……而舟行甚迫……』）

有書致張名振（卷四葉一）敍舟山之痛。且唁其家難。其末段云。『瑜飄零異國。止存一愁病之身。無可爲藩臺獻者。培植數年。相去萬里。今始有一言奉獻藩臺。得郡得縣。惟以得士爲先。所稱得士者。明古今。知興廢。直躬讜論。爲藩臺所敬而事之人。非僅讀書識字事藩臺之人也。得士則過失日聞。嘉言嘉猷日進。以此收桑榆之效不遠也。若止占望顏色。伺察喜怒。稱大美而道盛德者。則非藩臺今日之所急矣。』（名振覆書附見集中除前文所引追述舟山慘史外尙云『敗軍之餘尙思捲土但慮勢力單弱遂揚帆南下正月已抵廈門國姓公（鄭成功）眷顧殷殷近在鼇頓軍營明春三四月必去舟山矣』）

鄭成功有書至。先生答之。（送林道榮之東武序（卷十七葉四）云『壬辰秋復過日本適當作報國藩及答定西侯兩書病困不能搦管……或有言林子能作小楷者延之卽至授之草卽濡毫疾書……』啓超案凡集中稱「國藩」者皆指鄭成功據此序知先生尙有書與成功往復惜皆佚矣）

遺文　致定西侯張公書（卷四葉一）

癸巳（監國八年永歷七年清順治十年）　先生五十四歲

正月。魯王次金門。

先生上半年在安南。七月至日本。（甲午年祭王侍郎文云「去年是日（七月廿六）爲先生之家大祥瑜以是日至日本次日始得登陸」）十二月復首途赴安南。（據行實）

甲午（監國九年永歷八年清順治十一年）先生五十五歲

正月。魯王次金門。

正月。先生由日本至安南。（據祭王侍郎文）

三月。魯王以璽書召先生。書越兩年始達。（書云「監國魯王敕諭貢生朱之瑜昔宋相陳宜中託諭占城去而不返背君苟免史氏譏之蓋時雖不可爲明聖賢大道者當盡回天衡命之志若恝然遠去天下事伊誰任乎予國家運丁陽九綫脈猶存重光可待況祖宗功德不泯人心中興局面遠過於晉宋且今去陝蜀黔楚悉入版圖西粵久奉正朔即閩粵江浙亦正在紛紜舉動間非若景炎之代勢處其窮故宜中不復亦不聞有命往召其還也爾矯矯不折遠避忘家陽武之椎尙堪再試終軍之請豈竟忘情予夢寐求賢延佇以待茲特耑敕召爾可即言旋前來佐予恢興事業當資爾節義文章毋安幸免濡滯他邦欽哉特敕監國魯九年三月日」行實云先生愼密自晦其身蒙徵辟雖門人未嘗與之言及歿後發遣篋有匣扃鐍甚固乃於其中得此敕」啓超案梨洲行朝錄魯紀年訖於監國八年癸巳謂王以是年去監國號此敕明有「監國九年三月」字樣可正梨洲之誤蓋魯王此時寄命於鄭成功而鄭氏素不奉魯朔故表面上或自去其號然魯舊臣如張蒼水輩尙稱監國年也）

是年　月。張煌言張名振鄭鴻逵鄭成功會師入長江。江寧震動。以上游李定國軍失期不至。僅耀兵而退。（啓超案據南疆繹史是年張忠烈煌言軍吳淞會張名振之師入長江趨丹陽掠丹徒登金山望石頭城遙祭孝陵烽火連江江寧震動而上游有夙約失期不至乃左次崇明俄復入江掠瓜州儀徵薄燕子磯而所期終不至師徒單弱遂乘流東下仍駐滃洲據永歷實錄桂王紀及李定國傳上年定國建議由東粵與鄭鴻逵鄭成功會師據五藩實錄是年鄭成功發水陸師應李定國於粵東綜三書所記則此役二張與二鄭相倚而李定國擬從中起實光復一大機會也魯王召先生殆二張之意璽書中言「陝蜀黔楚悉入版圖」者蓋永歷六年李定國劉文秀等次第克復湖南四川也定國所以失期不至者上年定國見偪於孫可望已出奔而敵兵且壓南寧矣二張在遠未之知也）

八月。先生設位於安南旅次祭王翊。私謚曰忠烈。自稱知友。以吳鍾巒朱永佑配。

是年。先生始得嘔血病。(?) 祭王侍郎文一云『瑜病骨支離十載不御女而終年嘔血』啓超案先生嘔血不知確起自何年見於集中者自此文始答野節問（卷十五葉七）云『家國多憂宜有嘔血疾其不致性命之傷者則在廿一年保嗇之功』本年距先生卒年則廿八年也

遺文　祭王侍郎文一 卷二十二葉一二

乙未 永歷九年 清順治十二年 先生五十六歲 此後數年間政在鄭氏奉永歷正朔故不復記監國年號及魯王所在

是年。先生似在安南。

是年。太師定西侯張名振卒於南田。遺令以軍屬張煌言。名振字侯服南直隸江寧縣人崇禎末以台州石浦游擊起家魯王監國加富平將軍間關奉王於浙閩間十年至是卒

丙申 永歷十年 清順治十三年 先生五十七歲

是年。先生將返國。以意外之梗。折回安南。丁酉謝恩疏云『去年委曲求濟。方附一舟。意謂秋末冬初。便可瞻拜彤墀伏陳衷曲臣數年澥外經營謂可得當以報朝廷。當與藩臣悉心商榷。不意姦人爲梗。其船出至澥口。半月而不果行。復次安南。憤結欲絕。』啓超案讀此知先生此數年在海外日日有所「經營」疏又云『臣之幡然去國跡似潔身今謀之十年方喜得當意欲恢弘祖業以酬君父以佐勞臣』此中祕密如何今無考也

丁酉 永歷十一年 清順治十四年 先生五十八歲

先生在安南。正月十四日。日本船至。奉監國特召之璽書。時已促裝。欲於廿一日往暹羅。奉召後。乃暫留。擬候夏間附船往日本。再歸廈門。

二月。遭安南供役之難。被羈迫者五十餘日。與死爲鄰。先生逐日有日記。取「庶人召之役則往役」之義。名所記曰安南供役紀事。自序云「姚我中夏淪胥外夷閏位天既不賦瑜以定亂之略瑜何忍復生其任運之心是以遁播異邦流離一十三載間關瀚海茹荼百千萬端庶幾天日再明沈州復陸乃忽有安南國王檄召區區相見之際遂爲千古臣節所關不死不足以申禮而徒死亦不足以明心不得不親至其廷往返辯折況瑜大讐未復又何肯輕喪於溝渠故不亢不撓以禮讋曉國王之識習局於褊淺而才氣頗近於高明讒夫鴟張極力煽其燄元臣辨口無或措一辭獨力支撐四面叢射還勒有甚乎衞律嗟歎無聞於李陵雖十一日磨厲之鋒不敢輕試而三百年養士之氣未得大伸謹將逐日問答行略書札錄爲一卷芟其諸臣問難嫌於繁冗也隱其行間機務爲彼愼密也予卿以奉使困飢雪窖洪皓以迎請流遷冷山節烈尙矣瑜則無所奉也無所奉則不必記然關於彼國也關於國則不敢不記因誌之曰安南供役紀事云』今刪節原文而排比之。述其始末崖略如下。

當時安南國王爲黎維禔。安南當嘉隆萬歷間(?)爲其臣莫氏所篡。至是已歷四世。莫元清尙僭據高平。維禔起自支庶(?)。僅保有沿海數郡(?)。徐圖匡復。當時殆將傳檄討賊。思得一二中原文士供書記之役。以上皆非原文所有啓超鈎稽年月情實以舉其緣起耳山中又無書參考僅憑記憶所及不審有錯誤否容檢校時先生寓安南之會安。疑即今海防正月廿九日。其地方官名「該府」者。奉王檄檄取識字之人駐劄彼地之中國官以先生名應。上魯王疏云「中臣不顧國體遂將臣名開送』據此知當時有華官在安南此亦一史料也二月初三日。「該府」忽來傳人。狀同掩捕。所捕共若干人。捕至差官面試作詩寫字。先生不作詩。但書『朱之瑜。浙江餘姚人。南直松江籍。因中國折柱缺維。天傾日喪。不甘薙髮從虜。逃避貴邦。至今十二年。棄捐墳墓妻子。虜氛未滅。國族難歸。潰耄憂焚。作詩無取。所供是實。』「該府」令人看守。勢同監禁。先生度不能自脫。毫無賄囑求免之意。此時卽欲自裁。方不受其餘辱。又念愚人無知。謂是驚懼而死。故須至彼死於國王之前。方得明白。親友來送者。皆與作死別。

如是者數日。至初八日。押送至國王所駐之地曰外營砂者。國王將傳見。彼中管理外人之官名「該艚。」當是外務部長官之類先生用「欽奉敕書特召恩貢生某」名帖拜之。且投以書。聲明不能拜跪。書略云「之瑜託身貴國，誼同庶人。「庶人召之役則往役」義也。但未諳相見大王之禮何如。承役而退，以不見爲美。所謂「君欲見之，召之則不往見」亦義也。之瑜出身自有本末……使僕僕參拜，倘大王明於斯義，必且笑之瑜爲非人……若突然長揖不拜……萬一大王習見拜跪之常，未察不拜之是禮，逆見嗔怒，必萬口同吡以和之，之瑜異國孤身，豈不立致奇禍……伏乞先爲申明，然後敢見。之瑜此情必無一人敢爲傳達，不得已託之筆札，幸恕幸恕」「該艚」入啓國王。即日命見。文武大臣羣集。持刀環立者數千人。傳呼迫促。先生及門不趨。徐徐步入。侍班大喝。先生不爲動。立致一名帖。與前帖同。同時被傳諸人皆拜畢。差官命先生拜。先生作不解狀。差官舉侍班之仗於沙中劃一「拜」字。先生即借其仗於「拜」上加一「不」字。差官牽袖按抑令拜。先生揮而脫之。國王大怒。令長刀手押出西行。先生毫無顧盼。揮手即行。以爲此去便殺。不知其押赴「該艚」所也。

舉朝震怒。謂先生挾中國之勢。欺陵小國。共啓國王。誓必殺之。其夕「該艚」遣醫官黎姓者委曲勸諭。先生謂『隻身至此。豈敢抗大王。顧誠不可拜。又不敢畏威越禮』。黎謂『不拜則必殺。此間殺人極慘。何不自愛至此』。往復再三至夜分。先生厲聲曰『來時已與親友作死別。非至此方拚一死』。

先生次日黎明起。自取牖下水洗沐。更衣撮土向北拜辭訖。囑同行陸五斥賣寓中物償夙負。語黎醫官曰『我大明徵士也……以虜變逋逃來此。誼不可拜王。是以不拜……死後料爾輩不敢收骨。如可收。乞題曰「明徵君朱某之墓」』。時交趾通國大怒。磨厲以須。即中國人亦無不交口唾罵。惟日本諸人嘖嘖稱奇耳。「該艚」復呼先生面問「徵士」云何。且云言語不明白。授紙筆令寫。先生自述履歷大概。或書或語。談笑而道。了無驚怖。「該艚」回顧其妻曰「好漢子」。

自此後十日間。國王一面派人往會安祕密訪察事實。凡五次一面逐日殺人於先生寓西。莫不先梟其首。次將骨肉爲虀，筋骸腸胃拋散滿場，烏鳶犬豕競來噉食，惟務張威以屈先生。「該艚」復屢次利誘威逼，先生惟巽詞拒之。然自十五以後各官來見者皆深致敬禮，有稱先生爲「太師」者，惟會安之「該府」憤甚，百計必期殺先生。

國王黎維禔雖不知大義，然頗好名，既無名色，不便擅殺。十九日，忽致先生一書，令仕於其國。（中有太公佐周而周王陳平在漢而漢興等語）先生復書謝之略云『瑜徒以天禍明室，遁逃貴邦，苟全性命，別無他圖，如曰中華喪亂，遂欲委質於貴國，皇天后土實鑒此心。大王不以無禮誅之，而復以此傷義士之心，是猶與於殺之矣……』國王書遣其元臣齎來，先生卽席答之。元臣年八十餘，爲彼國重望，見先生極謙謹，如見其王。

二十日，代安南國王作答某將軍書，又作一討莫氏檄（？），是卽所謂供役者也。蓋其事名正言順，故先生亦樂爲屬草云。（答書略云『……撫茲社稷丘爐，人民塗炭，僞新之篡竊四世，春陵之舉事幾人……比得祕函，不禁手額……梁國反周爲唐，汾陽殲安誅史，方之今日，豈讓古人。但何無忌酷似其舅，劉下邳豈非人豪，凡我同盟，皆宜共奮……』討賊文節略云『某人者地實寒微，心懷梟獍，斯養牧圉，尙不類於涇渭之秦，非怙寵矜功，遂自比於逐戎之襄仲……晉陽興甲，本不爲臣子之美名，而臺城誓師，正不忍於君父之幽逼……』啓超案自此後九年，安南莫氏滅，黎氏復國，其功或卽鑒於茲役，自序所謂『行間機事，爲彼愼密』也）

安南君臣雖禮敬先生，然欲維致之心益切，此後一月中終不肯放行，勢同軟禁，而供張優渥，訪問不絕。中間「該艚」奉王諭爲造府第，令接取家眷，先生答云『去家十三年，絕無婢妾，何有家眷。瑜役畢告歸，必不留此。甲第何爲』。

四月廿一日，先生以書辭別國王，勗以戡亂事定之後，宜興學校、習禮義等語，遂行，返會安。

當安南人洶洶欲殺之時，先生自分必死，乃於二月十七日草一上魯王謝恩疏，以當遺奏。（謝恩疏敍茲事經過略云『二月初三日安南國王於該管衙門內檄取一二知文識字之人前去應一時之役當途喜得關要中臣不念國體遂將臣名開送立逼登舟衆人不知多爲一慶幸臣與平日往還諸人已作死別初八日至國王屯兵之所曰外營砂先見該艚（吏目名）手致一書隨見國王臣具一「欽奉敕書特召恩貢生頓首拜」名帖臣屢被詔敕在國家爲徵士與尋常官員不同何敢屈膝夷廷以辱國典故長揖不拜者禮也國王不知是禮怒欲殺臣臣挺然竟行就戮毫無顧盼遲迴該艚令人往復勸諭臣言愈遜臣志愈堅夜分不已終無一字游移次日辯折仍前該艚云「好漢子」十四日復遣人來慰臣恤臣得臣一拜即止臣對如初但言「讀聖賢書所學何事」一而已至今十日其怒未衰忌臣者多料無生理臣恐一時白刃加頸不及拜疏陳情謹將始末緣由上塵宸聽臣即令笑入地矣……臣拜疏後靜聽一死別無他說……十日之內逐日殺人莫不先梟其首從而臠肉菹非夷亂慘刻惟以張威示知草菅使臣驚懼臣死之後骸骨無敢收取自爲鵰鳶犬豕之所咀嚼臣亦不憂伏願主上爲國愛身爲國愛人……監國魯丁酉年二月十七日恩貢生臣朱之瑜具」

先生雖返會安。然行止仍不自由。欲應召歸而不得。兼以旅舍被盜。資斧蕩然。幾於餓死。先生復有上監國第二疏言其事。略云「四月廿一日臣聞客寓被盜謁歸會安……至今（該國王）尚未親見又不明言遣行臣月送歸舟血枯腸斷況資裝俱竭肘見履穿僮僕遁逃伶仃孤苦肌膚憔悴形容枯槁道日如歲若至明年此日誠恐雞骨支離久塡溝壑況乎光輔主上大業中興倘主上必不忍棄年於外乞敕藩臣（案指鄭成功）明言索取彼必不敢再復拘留臣坐則意馳行則忽忽不知其所往率率草疏再陳……監國魯丁酉年五月二十七日……」拜疏後連日嘔血不止。據供役紀事自跋註

啓超案。此事在先生全生涯中。如颶風一度來襲。瞥然而逝。然先生方正強毅鎮靜溫厚諸美德皆一一表現。實全人格之一象徵也。故備載其始末如右。

是年下半年先生仍在安南。八月。在安南旅次祭王侍郎。

遺文　安南供役紀事　投安南翁該艚書附見紀事中　復安南國王書同上　代安南國王答書同上　又節略同上

堅確賦同上　榜示安南文武大小臣工同上　辭別安南國王書同上　二月十七日上監國魯王謝恩疏卷三葉二

五月二十七日上監國魯王疏卷三葉二　祭王侍郎文卷二十二葉三

戊戌永曆十二年清順治十五年　先生五十九歲

是年夏。先生又至日本。據行實 九月。在日本旅次祭王侍郎。據祭文 啓超案先生祭王侍郎例以中秋日此在九月者殆到日本而不獲登岸也己亥答安東守約書有「去夏附船困守舟中」語可證

十月。日本人安東守約介完翁以書來問學。執弟子禮。啓超案安東守約爲先生在日本講學之第一關鍵人今於其始來學之歲月詳考如下（一）據文集卷六有答完翁書云「得尊札并貴相知安東省庵兄手書……何執禮過謙如此……一讀其書已知是貴國白眉……」又卷十二有與完翁雜帖云「貴相知省庵兄見解超卓非凡輩所得比擬不謂此中崛起乃有如此異姿」可見安東之得事先生全由完翁介紹（二）此一書一帖集中皆不記年分知其爲本年者帖云「明正當往見國藩（案指鄭成功）」又云「倘俟明年（六月）耑書來」書云「十九日准行……一時倉卒不耑答（案謂安東書未及耑答之）但貽一名帖致意統俟到閩後耑書相答」知此兩簡爲同時先後所發而其事在先生入閩謁鄭成功之前一年即本年也（詳次條）（三）文集卷九之答安東守約第一書實爲先生與安東最初通信中有「十月十七日暮得翰教」「執禮過謙」「改行期於十九日」「不肯到此舍館未學」「擬明夏耑來貴國」等語此書發自廈門即所謂「到閩後耑書相答」者也其情節與答完翁書一一符合（四）答安東書又云「與人爲善之誠迫於飢渴十四年惓惓望切而今一旦意外遇之」先生自乙酉始至日本至是恰十四年故知此書必作於本年而本年實安東受業伊始也

鄭成功相招。先生赴之。文集卷六答明石源助書云「前年至廈門赴國姓之召」據此知入閩由鄭氏相召 釋澄一及安東守約助以資斧。十月十九日。從長崎附舟歸廈門。以後事託日人完翁。答完翁書云「別後匆匆……無時寧息十七日暮方得澄一……三十餘金又聞十九日准行……安東省庵……錫之以黃金……弟何人斯乃承其貺……竢到閩之後耑書相答耳……弟此行附舟雖船主謙虛之極言語煦煦弟恐舟人別有不良者乃爲是彼人心腹（案指清廷）隻身遠涉……誠恐一且有不測之事不明不白若到彼平安弟即星速寄聞之倘有不可知如弟所料兄萬勿默默付之留此書爲證可也弟舟中出入必謹又不飲酒必無自失惟兄記之」 啓超案通全集以鈎稽先生行蹤其由日本附舟直接入閩惟應鄭成功召返國從軍北伐之一次耳北伐在己亥五月先生之歸宜在數月前此書言十月十九行則在本年無疑也書中言及安東守約而在閩答安東書言啓行月日正與此合彼書又有「十四年」之語參伍勘證則先生本年十月十九日歸國之事可以斷定 又案答完翁書惝惝然於舟中變故可想見當時清廷對於海外亡命客詗察綦嚴先生躬踏虎穴不能無戒心也 又案完翁姓名待考書中稱貴國知其必爲日本人殆先生在日本最初之友極敬愛先生故書中皆心腹語 又案釋澄一亦中國遺民遁跡空門者先生七十歲時尚有書與之姓名待考

是冬。先生在廈門。有答安東守約書。表示欲昌明儒學於域外之意。其略曰。「……來書有不可草草率復者。

一者執禮過謙。二者足下立志砥行。慨然以聖學自勉。……漫作游辭讚揚。……甚拂足下遠來下問之意。而深絕貴國眞實上達之機。得罪於足下者一。人而得罪於日本通國者萬世。瑜則何敢。……貴國山川降神。才賢秀出。恂恂儒雅。藹藹吉士。如此器識而進於學焉。豈孔顏之獨在中華。而堯舜之不生於絕域。然而亘千古而未見者。……正以不學之故耳。不學……爲弊有三端。岸然自高。楞然自大。而恥於下人。一也。在日本者不自安其分。在中國者常欲求其疵。鬪捷於口頰。二也。愚蔽於他端。而希必不然之獲。老死而不悟。三也。……雖然中國之人亦有罪焉。向者中國有禁。無敢躪出。其來者非負贋姦販。則漁釣篙工。偶有人士來游。而學行不兼。況有全全背戾者。……聖賢踐履之學。中國已在世季。宜乎貴國之未聞之也。今足下感憤奮發。率德厲行。……以此躬行。以此淑世。……此誠貴國之開闢而首出者。……元定眞吾老友。而乃謙以自收。退就弟子之列。然而不敢辭者。亦有故焉。學術之不明。師道之廢壞。亦已久矣。……不肖性行質直。一無所長。惟此與人爲善之誠。迫於飢渴。十四年倦倦望切。而一旦意外過之。其敢阻進修之志哉。……』（啓超案此書爲先生講學發軔特錄其崖略原文甚長此不及四之一也）

遺文　祭王侍郎文（卷二十二葉四）　與完翁雜札（卷十葉九十）　答完翁書（卷六葉九）　答安東守約書（卷九八至十葉）

己亥（永歷十三年清順治十六年）先生六十歲

五月。延平郡王招討大將軍鄭成功。兵部侍郞張煌言。會師北伐。六月。克復瓜州鎭江。傳檄郡邑。江南北相率來附。得府四州縣二十四。金陵且議降。七月。師以驕懈爲敵所乘。敗績歸。

先生初至廈門。卽大失望。始終未謁成功。從軍北伐。主建威伯馬信營。（據別傳）軍中有書與安東守約。述其經過。

其略曰．『冬春之交兩次附書．定應久塵記室．（案冬間書即前所節錄者也春間書檢集中未得）此時遠近傳聞．藩臺（案指鄭成功）不以推賢進士爲務．則是興復之志不堅．而立業之基不廣．志切興復而棄賢才．是涉大川去舟楫也．其何以濟哉．故遂慨然欲從思明復來貴國．（案永歷十年閏五月改厦門爲思明州見黃梨洲國姓始末）……後藩前有三四故交．遣舟來迎．……遂住其舟檣．去駐數月間．雖日與藩臺艫舳相銜．誼不以一刺通名字．或有美言勸行．瑜必婉辭謝卻．自安愚分而已．（案答明石源助書云『前年至厦門赴國姓之召見其將吏及寄居薦紳皆佻達自喜不佞知其事必無成故萬里遄行不投一刺而返不幸果無所濟』）六月．七八入南京．兵闖瓜州．十七早卽破城．滿夷斷頸折股．虜馬截傷驚馳．浮屍積野蔽江．束手就縛．遠近稱快．驩閧若雷．逆虜扼江而守．列炮如星．馬玉老擐甲直衝．一鼓登陴．（案玉老卽馬信賜姓始末云『丙申（永歷十年）正月台州北將馬信納降於舟山二月降將馬信抵厦門謁成功』卽其人也）虜騎所稱獷悍驍雄者殲夷殆盡．大酋管効忠（按清提督也）最爲桀黠．喙息鼠竄．惟恐不前．廿三日．鎭江開門納降．市肆不易．然而紀律時有未嚴．上情不能下究．有識蚤已憂之．從陸無救焚之策．候風有師老之虞．藩臺似謂虜在目中．徒使英雄頓足耳．七月初八九至南京．其下驕而不戢．渙而不萃．中有一二要人．（案當指余新輩）剛愎貪忌．狃於小勝．不用上命．舍其瑕．攻其堅．不離之使分．反慢而使合．徒效姚萇之覆羌羯．不念苻堅之潰合淝．遂爾一敗至此．雖死何足以贖罪．上游則豫章江黃．迤北則淮揚廬鳳．蒿目以待王師拔於水火．輸糧運米．會同有繹．送印納款．懼於後期．民心思漢之誠．於茲大驗．一旦辜負之若此．直可大慟．今退守舟山．浙閩．意在重來．若能自怨自艾．深思前過．則轉敗爲功．直唾手間耳．……瑜欲附船仍還貴國．往見主者馬玉老．一見奮辭．責成大義．瑜十五年間關困苦．原有本情．遂乏一時權宜之說．暫留旬月．約以明夏復過長崎．……』（鮚埼亭集張蒼水（煌言）神道碑云『……五月成功會公於天台……公以所部爲前軍向瓜州……（淸）操江都御史朱衣祚被禽明日成功至城中（淸軍）出戰不利提督管効忠走攻城克之議師所向成功欲直趨江寧公請先取鎭江成功恐江寧之來援也公曰吾但以偏師水道薄觀音門彼將自守不暇何援之爲成功即請公行未至儀眞五十里士民迎降六月二十七日成功來告鎮江之捷公衆程晝夜進次日抵觀音門而致書成功請以步卒陸行赴白下時江督郎廷佐懼甚不意成功猝以水道來……七月朔公哨卒七人乘虛入江浦初四日成功水師方至次日公所遣別將以燕湖降書至成功謂燕湖爲江楚往來之道請公往扼之公頗以成功年少恃勇爲憂欲留軍中與之共下江寧而後發辭之不得乃至燕湖相度形勢一軍出溧陽以窺廣德一軍鎮池州以遏上游之援一軍拔和州以圖采石一軍入寧國以遏東道休歙諸城大江南北相率來歸其已下者徽州寧國太平池州四府廣德和無爲三州當塗燕湖繁昌宜城寧國南寧南陵太平旌德貴池銅陵東流建德青陽石埭涇巢合山舒城廬江高淳溧水溧陽建平二十四縣初公之至燕也軍不滿千船不滿百但以大義感召人心而公師所至禁止抄掠父老爭出持牛酒犒師扶杖炷香望見衣冠涕泗交下以爲十五年來所未見……公所至城邑遣臣故老赴見者角巾抗禮撫慰懇至守令則青衣待罪考其政績而去留之遠方豪傑延問策畫勉以同仇多有訂師期而去者日不暇給於是徽州降使方上調而江寧之敗間至初公貽成功書以師老易生他變宜遣諸將分取句容丹陽諸城邑如白下出援則首尾夾擊之如其自守則堅壁以待倘四面克復收兵日至白下在掌中矣成功以累捷又聞江北如破竹謂城且夕可下……命八十三營率逆立屯安設雲梯地雷並造木柵而︵清︶蘇松總兵梁化鳳等以馬步兵相繼至浙之駐防軍亦來援長驅入城英之過者……軍遂大潰……公之聞信也以爲雖敗未必遽登舟雖登舟未必遽揚帆雖揚帆亦必入鎭江以闚再舉故彈壓列城祕不使諸將知而更貽成功書以爲勝負兵家之常乞益百般以相助不意成功並撤鎭江之師而入海……』啓超案謝山此文對於茲役之功罪最能說明足與先生致安東書相證故節錄之

陽九述略云。『己亥年。同國藩入長江。南京未下。兵律尚未嚴。而江右江北蘄黃漢沔。已雲合響應翹首而望時雨。卽家室妻孥軀命事事可捐。而惟望大明之光復。民心之迫切。亦甚可憐矣。……瑜身在行間。親知而灼見。日與各處士大夫相接。已自與耳食而塗說者不同。況瑜又拳拳懇懇夢寐飲食於此者哉。有人焉。果能以仁義之師過之枕席之上。而又雷厲風行。譬則鼓洪爐以燎毛。決衝波而漂炭。咄嗟而辦耳。然而萬有一慮者。卽以己亥之秋故也。攻城不能拔。而去之如敝屣。使天下戴香盆供餽餉之父老。人受毒痛。海上之師。恐不復取信於天下矣。然國藩入江之初。有識者已先策其必敗矣。……前日南都之敗。乃閩師之自潰。非虜能勝之，何得藉爲口實也。……』啓超案右兩文爲窺江之役重要史料且可見先生志事故具錄之其年春。次子大咸來省覲於廈門。相從軍中。六月卒。與陳遵之書（卷四）云「己亥春咸兒至纔聞動定」又云「咸兒即於此年五月十七日患傷寒五日而熱除弟禁其飲食次日虞氏之母昌言曰「老相公沒主張如此熱天久不進食必致不起後生強旺必不能堪」此時賓客如雲弟出見客而竊以稀粥餔之是夕即復熱喘急一夜而亡弟老年失壯子更覺伶俜孤苦寄櫬他山未知存毀」啓超案大咸己亥春來覲其時先生決當在思明五月十七計當隨馬信營在瓜州鎮江間時方乘勝軍書旁午故云「賓客如雲」也

是年冬。先生復至日本。安東守約等挽留永寓。並爲奔走當道乞破禁例許久留。行實云「先生於是熟知壤地不可復敗將不可振若處內地則不得不從淸朝之俗毀冕裂裳髡頭束手乃決蹈海全節之志以明年己亥又至日本先是筑後柳川有安東守約者欽其學植德望師事之深體先生忠義之心知其歸路絕宿望沮固請先生留日本先生從焉乃與同志者連署白長崎鎮巡鎮巡許之」

先生未定居時。有答安東守約兩書。其一云。「異國遠來。誠望與足下商榷今古。爲古今盛事。抵岸遂聞貴國主尚在江戶。便已搤腕。」啓超案「貴國主」者筑後侯也及發來緘。復知足下以國典攸關。不能出境。啓超案日本德川時代制度各藩士庶非奉命不能出境直至維新前猶然此是國家憲章。豈容踰越。但揆諸鄙人大拂初意矣。雖然。使不佞與足下相與有成。寧惟問學一端而已。將大明與貴國世世和好之款。而貴國文明開闢之機。均於此基焉。所係豈不重且大。誠非人力所能爲也。若本船在此過夏。須九月始發。尚有相會之期。儻四月終即行。雖奉貴國主明示。亦何可及。且不佞既回沙埕之後。或東或西。必求一所立定脚跟。以待天下安。安能泛泛作水中之鳧。頻頻漂泊耶。……去夏附船。困守舟中十月。後亦何能有此便船。容不佞孑然一身。兀坐守候也。後會之不可期。亦甚明矣。……足下天挺之豪。惟在能自得師。又何必獨在不佞哉。足下師生之稱。向時猶不敢遽受。欲待晤時定之。或師德。或師學。必有所指而後敢承。今既不可得見。不敢復辭。疑自外於足下也。……」其二云。「來教殷勤。自非虛飾。國典載在。誰敢或踰。其過與不遇。皆天也。天或有意爲明爲日本。後會亦未可知。不必以此爲憂念。……不佞欲與

賢契講究針砭者。身心性命之大。動關中國日國千年之好。豈區區人力所能為。欷歔之際。仍為慰藉。……嘉隆。萬曆年間。聚徒講學。各創書院。名為道學。分門別戶。各是其師。聖賢精一之旨未闡。而玄黃水火之戰日煩。高者求勝於德性良知。下者徒襲夫峨冠廣袖。優孟抵掌。世以為笑。是以中國問學。真種子幾乎絕息。況乎貴國素未知此種道理。而又在稂莠桀桀之時。獨有嘉禾油然秀出於其畔。亦甚可危矣。賢契慨然有志於此。真千古一人。豈以華夷古近為限。惟極力精進。以卒斯業。萬勿為時俗異端所撓也。……丹心相炤。不佞亦具有隻眼。獨恨不得面佈。近日船頭方圖此緣之所至。亦未可期。即行亦當在來月初旬。……」

啓超案此二書有關於先生講學旨趣及其行蹤故節錄之據軍中與安東書言「約以明夏復過長崎」則其重來似應在來年庚子然行實明言本年己亥當有所據此所錄第一書有「去夏附船困守舟中」語若其書作於庚子則「去夏」應指本年時先生方在瓜州鎮江間安得有附船困守事耶故當從行實以重來屬諸本年殆閩師敗後先生隨馬信等返廈門確見諸人不復足與謀故遲船便行耳其抵日本當以歲抄故所附之船在彼過夏與否尚屬疑問右所錄二書其第一書必為本年所發第二書則當在來年春末蓋此數月間安東等奔走當頗費力始得許留矣又案與孫男毓仁書云「日本禁留唐人已四十年先年南京七船同至長崎十九富商連名具呈懇留累次均不準我故無意於此乃安東省庵苦苦懇留展轉央人故留駐於此是特為我一人開此禁也」此文敘留寓日本之經過最明然則先生從前屢至日本時作何安頓耶讀集中初期信札屢有「㦸冬㦸春」之語初不解所謂細繹情節似當時海船之至長崎者在冬春間碇泊時其船員及搭客可以登岸暫住隨船出港謂之㦸冬㦸春過此期則並登岸而不許故有「困守舟中」語先生前此殆在此等狀態之下往來漂泊於日本耶此當求諸彼域掌故未敢臆斷也

遺文　與安東守約書卷九葉一〇春之交云云　冬答安東守約書卷九葉十〇異國遠來云云

庚子 永曆十四年 清順治十七年 先生六十一歲

是年春。先生仍淹跡商販在長崎「㦸春」。夏間將循例被遣。答安東守約書（卷九葉十二）云「……數日內當事促行甚急，奈何不肖無寸絲尺帛，亦與諸商賈貿貿往來，眞大可笑事……儻終不能得一晤，則此來似為徒然，悵惘無極」啓超案此當是留事未定以前答安東之末一信卒以長崎鎮巡黑川正直之建議。經薩摩侯鍋島直能同意。得朝旨許留。啓超案：與小宅安之書（卷十一葉十三）云：『僕之留於此，出之黑川丹波守之意，稟白御老中（官名），稟之上旨，而後得留』。是留之建議在黑川。黑川也，卷六葉五有答長崎鎭巡黑川正直書，玩其語氣，蓋甲辰年所發（見下），而據書中語，則黑川任此職已十三年，故知丹波守即正直，時方任長崎鎭巡，而先生於辛卯年所上長崎鎭巡揭者，亦即其人也。殆黑川彼時已心敬先生，至是因安東等之請而奮然盡力歟。又案：與鍋島直能書（卷六葉二）云：『昨年果蒙破格留止，慰藉加隆』。是留事又得鍋島主持也。鍋島爲薩摩侯，長崎爲薩摩領土，其必經此程序也固宜。

實當時一破格之舉也。與陳遵之書（卷四葉二）云：『弟飄流無已時，近亦留住日本。日本國之禁，三十餘年不留唐人，留弟乃異數也』。

冬間。在長崎賃廡定居。答釋斷崖元初書（卷四葉八）云：『僕以中國喪亂，往來逋播，蕩於波濤中者十七年，去冬方得暫借一枝棲息貴邦』。啓超案：據「十七年」語，知其書發於次年辛丑；據「去冬」語，知本年冬乃定居。自此遂流寓日本以終。

當留事未定時。完翁索先生爲文頌美長崎鎭巡。先生拒之。以書陳其義於安東守約。其略曰。『完翁傳鎭公語。索不佞履歷。并索敕書。此是鎭公詳愼處。即將履歷草上一冊。……完翁又命作文頌美。不知作文自有時候。自有體局。……君子一言不智。喪其終身。……不佞居身本自淡泊。鄉長老每言總角時志概。不佞已不能憶矣。自弱冠以來。則未之或改。豈今墓木將拱。一旦喪其所守。人品即不甚高。然頗立之於萬死一生之際。刀鋸臨之而不怵。重祿餌之而不回。……何乃多爲蛇足以亂人意。數日來刺刺不休。使不佞進退維谷。茹吐皆難。統容面時詳細斟酌以定行止。若欲不佞作妾婦眉目。隨人俛仰悲歡。則不須於此間生活也。若曰免我於刀俎。鼻孔便當隨人牽掣。失之更遠矣。』啓超案：完翁爲介紹安東來學之人，想其時必爲先生留居事熱心奔走。其人殆好善而無識者，欲先生稍自貶以促成所事，不知觸先生伉直之氣，幾決裂以去矣。觀「斟酌定行止」語，知其時留居事尚未定也。又案：鎭公即黑川正直，其人蓋眞能敬先生者，先生亦深許之。然此時聞完翁之勸，即凜凜若觸逆鱗。此最足以表現先生壁立千仞之人格也。

先生既留。長崎鎭巡黑川正直備致敬禮。與安東守約書（卷九葉二）云：『前月初四日謁黑川公，方得久談，言辭款曲，送迎致恭，自坐當戶，執謙極矣。謂「惜乎不知文理，不得時延談論暇時將論語「說爲妙來時須攝一通事來」謂「節且衆人交禮之日不佞不當往不當與長崎人同也惟暇時時常一顧」……」啓超案一蠡此略可見黑川爲人其欲請先生講論語可見日本當時士大夫之好學虛心

是年秋冬間.安東守約自柳川來長崎脩謁.與安東守約書（卷九葉二）云「攝鎮公之意似甚欲得賢契謦談而不佞亦欲賢契相見……」又（卷九葉三）云「昨健翁至云「賢契意欲至崎苦於手中不足欲不來則又恐不佞見怪」……是賢契之於不佞猶有未能盡知之處也不佞之心光明如皎日霽月自信無纖毫雲翳而與賢契相信如金石乃猶遲疑於勉强復作此慮耶……萬萬俟其便而爲之不可勉强也」啓超案玩此兩書語氣當在本年夏秋間安東究以何時初次進謁今難確考卷十二葉三十四又有與安東雜帖云「完翁云賢契欲過重九方來極爲有見」然則安東之來當在秋冬間矣與孫男毓仁書（卷四葉六）云「省庵每年兩次到崎省我一次費銀五十兩二次共一百兩皆蓄先生之俸盡於此矣」當時出境（出筑後國之柳川到薩摩國之長崎）既不易而川資所費又如此其鉅無怪安東之不易一行也

遺文　答安東守約書（卷九葉十一）來教殷勤云云　又（卷九葉十三）如琢昨日來云云　又（卷九葉十二）佳作二本云云　與安東守約書（卷九葉二）前月初四日云云　又（卷九葉三）昨健翁至云云　與安東守約雜帖（卷十二葉三十三）完翁云賢契云云　答安東親清雜帖（卷十二葉三十二）親清守約之父也守約來謁時有書帶呈先生答之

辛丑（永歷十五年清順治十八年）先生六十二歲

是年七月.緬酋執永歷帝獻吳三桂軍.明年四月.帝遇弑於雲南.明亡.（啓超案明末帝雖遇弑然臺灣鄭氏仍守永歷正朔至先生卒後之二年乃亡故本年以後仍紀永歷從先生志也）

是年先生在長崎.

新春有與安東守約書（卷九葉二）云「小橋送別.近在目前.徂冬及春.捷於隙駛.歲序維新.景物明麗.卿士大夫以及庶人.無不以爲喜.惟學者則以爲懼.通計舊年之功.未見大有所進.而瞬息已增一年.設使歲歲如茲.百年

止是鄉人。何時可以及舜。……』啓超案此書年月雖難確考但決當是安東初謁辭歸後之第一書先生與安東論學書甚多不能具錄錄此以見當時師弟間相與切磋期許之一斑也

先生既絕望於光復。有浮海終焉之志。有書答安東守約卷九葉十五云。『此後謝絕人事。可作自己工夫。』又云。卷九葉五『但欲覓數畝之地。住此灌園。頗足自給。不交王侯。不涉世趣。賢契來則相與尙論古人。考究疑義。酌酒談心。更無餘事。』

先生旅況窘甚。借貸於商舶及僑民中之親故以自活。思斥賣故鄉恆產而未能。安東守約綢繆供給。請割祿入之半以奉。先生苦辭。安東固請。卒勉許之。行實云『先生流離以屯蹇四海空囊孤身飄然不能自支守約乃分祿奉其半先生辭以過多守約曰『先賢有以麥舟救朋友之急者古人稱師與君父所在致死況其餘哉然則義當悉獻年俸自取其三之一然辱愛之深恐不許之故今取中以分其半若非其義非其道則奉者受者猶之匪人老師高風峻節必不受不義之祿豈以守約之所奉爲不義之祿乎守約百事不如人惟於取與欲盡心以合理若拒之則以爲匪人也豈相愛之道哉』先生重辭以心不安答曰『守約爲生豐於老師於心安乎縱使傾家奉之志則在矣難以致久故酌其宜以中分之』先生知其志不可移乃許其所請』答安東守約書「卷九葉十六」云『今月接兩書惓惓以不佞資用乏絕爲憂轉託令親友爲之通移此賢契用情過厚日夕留神故至於此今不佞未至匱乏即或匱乏何有一二新客緩急可移祇恐其八月當行又多一番轉折故且遲遲若王民則此船及鄭儆老且暮間到崎則不煩淸思已那借完局亦可至九十月俟新米出償之若明年便與今年不同無他大費』又「卷九葉十七」云『九月廿三同日到三書切切以不佞之貧困爲憂不佞故遍以示人使知賢契之盛美耳……然而賢契實過矣不佞之爲此者亦料必不至於凍餓而爲之若料其或至於凍餓而復須賢契之補益通借則不佞從前之所爲亦不如此矣……今年雖借銀七十八金亦自易處現有應允者矣不佞總查家中現在之物其可以斥賣者可得六百金賤售亦可得五百金明春王民則林德庵二兄若至通移一二百金亦自無難若不佞明年光景止於如此俟新鎭公行後則杜門不交一人所有僮僕盡行遣去若有弟子可敎者令渠爲我服勞亦如以粟易器之理無則躬自炊汲乃道不行之常理豈足辱賢契賢契自奉極其節儉而以供不佞奢華之用不佞尙有人心乎以無人心者而爲之師亦甚失人矣……』又「卷九葉十三」云『賢契之於不佞此古人盛德之事絕非今世薄俗所有……但中分其祿以瞻不佞不佞當之內媿於心故欲圖十畝之園抱甕灌之在長崎輔輳之地足以自給若在他所倍之而後足除納官糧之外衣食自有餘饒在不佞有桑者閒閒之況於賢契有師友麗澤之益事爲可久傳至後

世及吾與爾子若孫均足以爲美談故相斟酌如此耳非故作辭讓之套亦非擺賢契之所受者義乎不義乎然後受之也……」與孫男毓仁書（卷四葉六）云「……既留之後（省庵）分半俸給我省庵薄俸二百石實米八十石去其半止四十石矣每年兩次到崎省我一次費銀五十兩二次共一百兩苜蓿先生之俸盡於此矣……其自奉敝衣糲飯菜羹而已……其宗親朋友咸共非笑之諫沮之省庵恬然不顧惟日夜讀書樂道而已……此等人中原亦少有汝當銘心刻骨世世不忘也」啓超案以上諸書可以見安東之風義及先生所以斟酌於辭受取與間之經權與夫當時生活狀況之大概故稍詳錄之

有釋獨立者勸作僧裝先生復書嚴詞以言其不可其略曰「弟惟靖難時忠臣極多惟程詞林濟最爲艱難最有始終今日革除之際忠臣極多惟弟最爲艱難最爲堅忍而尙兢兢於末路嘗曰蓋棺事始定也羞苦困辱分所宜然總不必論彼時程亦剪髮爲頭陀誠權宜之計於理無妨蓋建文主爲和尙也今日普天下俱剃頭此事大不可草草蓋類有相似也弟於祖宗祭祀墳墓曠絕十七年罪不可擢髮數但欲留此數莖之髮下見先大夫於九原耳前承面諭及之弟半晌不復而和尙更端弟亦不究竟其辭萬一念頭一錯其所可慮者翰教之所及尙未能什一也尊札懇懇言之或有他人以游詞相誑者弟念慮夢想都不及此」啓超案當時遺獻中能保此數莖之髮者恐惟先生與王船山耳　又案據篇中「十七年」語知書作於是年　又案獨立蓋亦明之遺獻先生後此尙常與通書其姓名待考

是時日本佛教極盛而儒術無聞有釋斷崖元初者致書先生叩其態度先生答書（卷四葉九）自述居東本意謂並非爲倡明儒教而來有「儒教不明佛不可攻儒教既明佛不必攻」等語書云「僕以中國喪亂往來遄播蕩搖於波濤中者十七年去冬方得暫借一枝棲息貴邦衣鹽茹蘗身操婢僕之役所冀天下稍寧遄歸敝邑本非爲倡明儒敎而來也生於聖道榛蕪之日而貴國又處極重難回之勢若以僕之荒鄙而欲倡明絕學猶以菅蒯之朽索繫萬鈞之石垂之千仞不測之懸崖其不絕而墜者自古及今未之嘗聞所以閉門掃跡意自可知至若儒釋紛紜之議舌敝耳聾不得肯綮何足復道彼以削髮披緇者爲僧峨冠廣褵者爲儒互相攻擊專在此輩僕謂究其大罪什七乃在儒者呫嗶剿襲嘲風詠月儼然自命爲儒是豈謂之儒哉若非叛儒入佛便思以儒攻佛遂使佛者摭爲口實亦不自量之甚矣不知儒敎不明佛不可攻儒敎既明佛不必攻何爲徒爾紛紛哉」又與釋獨立書（卷四葉七）云「鴻論深入顯出切中事機據理辨駁雖有利口無所復置其喙不偏不倚當爲儒釋立一標準固不朽之作也弟謂當函藏石室誠未可懸諸國門……今日是非蜂起多一事不如少一事爲之儒釋愈和尙

其將以身率末俗乎抑將以口舌爭之乎中國大亂至道晦蝕已久即責國亦在句萌初動之時足下但當與以爲然否」又答安東守約書（卷九葉十二）云「讀來審知蘊結憤發之概表章羽翼之誠敬羨賢契生意且當寶嗇精神調和糜粥明知二豎之爲烈然不敢攻之也或其元氣大復則百邪俱退養之以粱肉治二三賢智噓息而滋培之自然發生榮茂憤勿以斧斤剝椓之也……譬如人膏肓之疾尪羸不支近幸少有之而不勝助彼江河日下之勢爭之而勝遂成狂瀾橫決之憂……」又答釋獨立書（卷四葉八）云「之以藥石宜無所不可賢契何憤憤於一擊之力急欲以將絕之息與二豎爭衡乎且此不可以口舌爭也爭東武戶口百萬而名爲儒者僅七八十人加以婦女則二萬人中一儒也而其人又未必不佛就此七八十人又自分門別戶互相妒忌互相標榜欲望儒教之興不幾龜毛兎角乎乃欲以此闢佛是以蚊撼山也」啟超案此三書年月無考附錄於此以見先生對佛教之態度日本當時唯一之文化即佛教先生一醇儒與彼絕不相容其不肯稍枉以求合固無待言然又不肯攘臂以與之爭非有所畏也蓋痛心疾首於門戶水火之禍以爲競勝於空談無益而有害其於己之所信者欲爲積極的培養發育不欲爲消極的抵抗或攻擊此先生所以異於明淸間羣儒也至其言居日本爲避難非欲爲倡明儒教而來自是實情綜觀其經歷始末可知也

是年六月。先生著陽九述略一篇。授安東守約藏之。謂『他日采逸事於外邦。庶備史官野乘。』書凡四章。第一章論致虜之繇。大意歸咎於政治之腐敗。而又以學術虛僞廉恥墮喪爲之原。謂非虜果強。皆由士大夫爲之驅除難。第二章論虜勢二條。前一條論啓禎間邊臣失職。致虜披猖。後一條論虜入中原後搜括征發天下騷然。且所用皆降將。滿漢相忌。行將生變。蓋預策後此將有三藩之難。第三章論虜害十條。一東人之害自江以北至南京二沿海有防邊養兵藏匿接濟之害三近海有造船幫工值匠之害四簽發舵梢之害五內地有簽派船料搬運木植之害六省會近城各郡有放債舉息買官附營之害七仕官有配發上陽堡寧古塔并入旗披甲之害八買官但計得錢不問色目之害九打老鼠之害十拆房屋之害第四章論滅虜之策。大意謂滅虜不在他奇。但在事事與之相反。彼以殘。我以仁。彼以貪。我以義云云。篇末署。『辛丑年六月望日明孤臣朱之瑜泣血稽顙拜述。』致虜之繇云「中國之有逆虜之難貽羞萬世固逆虜之負恩亦中國士大夫之自取之也語曰木必朽而後蛀生之未有不朽之木蛀能生之者也楊鎬養寇賣國前事不暇瀆言即如崇禎末年搢紳罪惡貫盈百姓痛入骨髓莫不有時日曷喪及汝偕亡之心故流賊至而內外響應逆虜入而迎刃破竹惑其邪說流言竟有前途倒戈之勢一且土崩瓦解不可收拾耳不然河北二十四郡豈無堅城豈無一人義士而竟令其弢戈服矢入無人之境至此耶總之英大之罪盡在士大夫而細民無智徒欲洩一朝之忿圖未獲之利不顧終身及累世之患不足責也明朝以制義舉士初時功令猶嚴後來數十年間大失祖宗設科本旨主司以時文得官典試以時文取士競標新艷取淵源父之訓子師之敎弟獵採詞華埋頭呫嗶其名亦曰文章其功亦窮年皓首惟以剽竊爲工援取青紫爲志誰復知讀書之義哉既不知讀書則奔競門開廉恥道喪官以錢得政以賄成豈復識忠君愛國出治臨民坐沐猴於堂上聽
賦租於吏胥豪右之侵漁不聞百姓之顛連無告鄉紳受路操有司獄訟之權役隸爲奸廣暮夜苞苴之路朝廷蠲租之詔不敵部科參罰之文乍萌撫字之心豈勝一世功名之想是以習爲殘忍做傚模糊水旱災荒天
時任其豐歉租庸絲布令長按冊徵收影占虛懸巨猾食無糧之土牧除飛灑善柔賠無土之糧敲骨剝膚誰憐易子羨餘加派豈顧醫瘡金入長安蠡賊膽循良之饕容先曲木居伯叨卓異之旌未聞贖貨有勾罷之條
惟見催科註陽城之考盜賊載途惟工塗飾蟲蝗滿路孰驗災傷夫如是則守令安得不貪緣是而監司而撫按盡可知也矣而佐貳而首領更可知也矣此見任官害民之病也其居鄉也一登科第志切餽遺欲廣侵漁
多收投靠妻宗姻婭[illegible]出行兇子弟豪奴專攻羅致女子稔色則多方委禽田園遂心則百計垂餌緩急人所時有事會因爾無窮攘奪圖謀終期必濟釘門封屋管業高標者某府某衙訴屈聲冤公事至偃者何科何院
曲直擣亂白黑蒼黃庇遠親爲宦戶擠重役於貧民事事貼賠產已賣而役仍在年年拖累人已斃而名未除官司比較未完滿堂歡喜隸役牌勾欠戶閭室棲遑士夫循習故常餉心民瘼被害胥讒睊饜沒齒官邪魚肉
小民侵牟萬姓閭左呑聲而莫訴上官心識矣誰何饒財則白丁延譽寒素則賈董沉淪薦剡猥多賢路自塞此鄉官害民之病也凡屬一榜科甲名曰同年同門繇其決擇取中是曰門生座師輾轉親臨轄屬是曰通家
故吏又有文社甄拔之親東林西北之黨插足其中絲紛膠結其間問豈遂無仁賢廉潔之士總之一壺之醪不能味一河之水一杯之水不能熄車薪之火而且儉壬機巧競賞圓通持重端力咸嗤古執圓通者塗附古
執者羣離必使一氣呵成牢不可破則小民安得不被其害且幽冀兗豫五省苦於俵馬驛馬俵馬有孳生印烙之弊驛馬有恤爲需索等弊江南有白糧糙糧粗布細布之弊一經簽役立致傾家總來官不得人百弊叢
集百姓者黃口孺子也絕其乳哺立可餓死今乃不思長養之方獨工捨魁之術安得而不窮既被其害無從表白申訴而又愁苦無聊安得不憤懣切齒爲盜爲亂思欲得當以爲出爾反爾之計繇前所言謂之巧宦語
之以趨炎附勢門戶夤緣則獨工語之以興利除害禦災捍患則獨拙營之以朱提白粲腰削肥家則攘臂爭首告之以增陴濬隍儲糈桑土則結舌不談他如飾功掩敗鬻爵欺君種種罪惡罄竹難盡是以逆虜乘流寇
之訌而陷北京遂布散流言倡爲均田均役之說百姓既以貪利之心兼欲乘機而伸其抑鬱無聊之志於是合力一心翹首徯后彼百姓者分而聽之則愚合而聽之則神其心既變川決山崩以百姓內潰之勢歆之以
意外可欲之財以到處無備之城怖之以狡虜威約之浙將虜之氣以相告語誘我之衆以爲先驅所以逆虜因之溥天淪喪非逆虜之兵強將勇眞足無敵也皆士大夫爲之驅除難耳若果逆虜兵彊將勇足以無敵彼
江陰　小縣不過靴尖踢倒爾已雖內有儲積而外無救援乃猶慨然拒虜閉城堅守男子出戰婦人饋餉虜攻之百道半年始拔闔城自居婦女嬰兒俱盡而虜之驍將死於城下者亦且數萬其時南徐毗陵吳興金閶
設能各出奇兵掎角此虜其有隻輪北濟乎奈何孤城獨抗遠近俱靡糧盡贍喪而力竭無益也細民不能遠慮豈知逆虜得國之後均田不可冀賦役不可平貪黷淫污慘殺荼毒又倍蓰於搢紳之禍哉今雖悔之痛之
無可爲也矣書曰天作孽猶可違自作孽不可逭此之謂也」　虜勢二條云「奴虜種類原自不蕃先年李寧遠以奴隸兒子畜之玩之掌股使其長養內地知我虛實情形又加以龍虎將軍名號使得控崇別部狡焉

啓疆失於防禦遂滅北關白羊骨諸種益致披猖又賊臣楊鎬袁崇煥前後賣國繼喪遼陽廣寧滋蔓難圖然猶廿年蹶躙三韓燕雲屹然無恙卽曾闖入朔易山東未敢公然盤踞祇因流寇攻陷京城慘殺文武吳三桂愚騃豎子失於較計欲報家仇勾引入寇逆虜遂令三桂爲導乘機掩襲北京我人既以爲德不復先事防閑復以南北中分之說愚我滿朝文武我文武處堂燕雀倉皇不暇綢繆又乘我四鎮之亂并取河北江東此時弘光初立又非令主倚眦者樞輔馬士英勳鎮方國安士英借台衡密勿之重開西邸以賣官國安總四十八萬之師擁中軍而作奸大將既係庸材參贊都非佳士僅遑恤休之氣誰知堵樂之方遂致虜渡江隻矢不折兩浙八閩捲籜颶風其時瑜已潛來日本未嘗目擊之淪亡興言及茲目皆盡裂奴虜之下江南浙閩也本借西虜之兵江陰亡失過多賠償大費周折西虜恃協贊之力責報終無已時滿部倚老舊之恩恣行全無忌憚責報者尙未盈其欲恣行者有簡制之嫌繇是外內之心漸生乖異八旗各有頭領政每出於多門一朝自相齟餉瘠難補於百孔而且老本有子女玉帛之樂心所惡鬧者戰爭變子遂鹵掠谿壑之懷意所圖全者規避地方既廣防守自多盡發滿虜則滿虜有限純用漢人則漢人可疑進退維艱固難自決初時內地殷富一抄搶則盈千累百是以鑽營入伍近者民間財盡極搜索僅錙銖升斗因而厭苦爲兵奉調發則涕洟沾襟聞鼓鼙則心膽墮地名城無百騎之守省會少及千之營盡是韃子漢官一味虛聲恐喝今所防者浙閩邊海而已內地義師未敢突起已自絡繹旁午十室九空如此其沿海諸營甚至半年無餉萬一忽有紀律之師乘間而起已敝之虜如何可支家家裝束輜重人人顧戀要挐惟有長驅渡江而已雖有郎二省公忠愛民然一木難支圯厦又且各虜久已疑貳事勢急迫滿漢終不相能此直浙之虜勢已盡在目中矣既得南京浙直則江右湖湘福邵延建一時騷動粵東粵西截爲懸癭蓋廣信既下常山固守則虜兵不敢下南雄越梅嶺貴州復定湖湘驛騷則虜兵不敢出韶州度杉關馬病無可更伍虛無所補二虜若不面縛歸降惟有束手待盡故曰懸癭也如此則天下財賦之區一旦皆非虜有雲南卽無他故僅足協濟貴州遂虜號令所行徵發所及者六省山西陝西四川之糧尙不敷漢中交城之用漕儲既絕太倉日空長蘆鹽法不行宣文稅課虛設（舊校云宣文疑當作宣大）其餘河南山東北直租庸有幾臨淸南旺夏鎮盡成廢閣況宮中燕賜郊廟祭饗百官俸料軍衛月糧邊關疑貲軍前火藥弓矢衣甲器械一概取給於此而又加之以士馬芻糧唱籌何計量砂點金亦難指石脫巾之呼勢所必至逆虜其能支乎而且南畿江浙勁兵逼臨國藩從中而起則八閩兩粵奄爲我有則虜之所防者愈廣睢汝歸陳蘄黃漢武岳鄂襄樊荊湖南北許潁青徐數千里間處處須設重兵大將少則不足以戰多則力有不能與前代漢趙秦晉之事時異勢殊西虜及西北遼人不利犒賞搶掠而有鋒鏑死亡之憂誰肯復應其募掉臂而去轉生內難瑜謂虜國日困一日虜糧日竭一日虜兵日少一日虜勢日衰一日虜民日苦一日虜心日離一日萬萬不可復振蓋謂此也逆虜不北遁不久必有圖之者此幽燕遼陝之虜勢已盡在目中矣去年八月十四日天日晴明但聞空中斷殺聲人馬旗旗歷歷可數自巳至未外來者大勝從內出者盡滅飛血灑空岐頭一鎮數百人家家盡見老幼俱見其餘民謠各處如出一口以天時人事合之虜之敗亡必矣虜既出口之後萬分不敵元朝應昌地廣城堅水草美善部落蕃衍馬壯糧饒且祖宗功德在人人不忍背逆虜事事不及蒙古抑且壤地褊淺海面毛鱗魚皮（舊校云毛[illegible]蓋毛憐女蟒音近眞憐相）窮寇中國卽不窮追其滅亡可翹足而待一應進取機宜奇正道路今徒託之空言不必預爲宣洩」啓超案先

生此文鼓舞清季革命之士氣不少今者一場公案雖了然其爲史料之價值然千古不磨故錄其前半餘當看遺書原文

遺文　陽九述略　答釋獨立書（卷四葉八）　答釋斷崖元初書（卷四葉八）　與安東守約書（卷九葉二　小橋從別云云）　又（卷九葉四　一月不得手書云云）　又（卷九葉五　賢契盛情云云）　答安東守約書（卷九葉十二　讀來翰云云）　又（卷九葉十三　賢契之於不佞云云）　又（卷九葉十五　自寓中裝治門檻云云）　又（卷九葉十六　今月接兩書云云）　又（卷九葉十七　九月廿三日云云）　與鍋島直能書（卷六葉二　書中有云『昨年蒙破格留止慰藉加隆』又云『儼然使命曲致殷勤』鍋島爲薩摩侯挽留先生實彼主之是年蓋遺使致敬投贈而先生報以書也）

壬寅（永曆十六年清康熙元年）先生六十三歲

是年冬十一月，魯王薨於臺灣。（明季諸野史多言魯王不知所終此據鮚埼亭集卷九張蒼水神道碑所考證）

先生居長崎首尾七年，有數事當記載而年月難確考者，彙錄於下。

安東守約會議請先生移居筑後，不果。（與安東守約書（卷九葉四）云『來貴國（筑後）住居其便有四日夕相親一也省（無益之雜擾）二也惜精神（省往）三也可免居人尤四也此不佞所深冀之者但貴國君新蒞任賢契雖極慎重尚須事事斟酌似當先煩淸田翁於黑川公前探知口氣如何然後懇貴國君致書爲安萬一賢契力懇又諸當路錯愛贊助貴國新君慨然發書而黑川公不允則新政之初必不大樂是於賢契有損也不佞在此無益於賢契而有損之不佞何以爲情』　啓超案還居之事竟寢想先生所慮不錯也）

安東守約欲介伊藤誠修來見，先生數書止之。其一（卷九葉七）云：『伊藤誠修，學識文品，爲貴國之白眉，然所學與不佞有異。不佞之學，木豆瓦登，布帛菽粟而已。伊藤之學，則雖文刻鏤錦繡纂組也，未必相合。』（又云『不佞居此地人地則甚輕而聲價則甚重京華人士不敢輕與相接即有書來亦當稟明黑川公甚爲煩瑣又此間人情多好自高稍有學識猶且岸然如此淹貫豈更求益且不佞亦不能有以益之』）其二（卷九葉五）云：『伊藤誠修誠貴國之翹楚，頗有見解。……昔有良工能於棘端刻沐猴，耳目鼻口宛然，毛髮咸具，此天下古今之巧匠也。若使不佞目炫玄黃，忽然得此，則必抵之爲砂礫矣。卽使不佞明見其耳目鼻口宛然毛髮咸具，不佞亦必抵之爲砂礫。何也。工雖巧無益於世用也。彼之所爲道。自非不佞之道也。不佞之道。不用則卷而自藏耳。萬一世能大用之。自能使子孝臣忠時和年登政治還醇風物歸厚。絕不區區爭鬬於口角之間。宋儒辨析毫釐。終不曾做得一事。況又於其屋下架屋哉。如果聞其欲來。賢契幸急作書止之。若一成聚訟。便紛然多事矣。此是貴國絕大關頭。萬勿視爲泛泛也。其人年幾何矣。……若果來。不佞當以中朝之處徐鉉者處之。必不與之較長絜短也。』又有與安東雜帖（卷十二葉三十三）云『伊藤誠修止之爲妙昔者劉惔與王濛遠遊而餒有一人設盛饌招之王濛亟欲往劉眞長不肯曰「小人未可輕與作緣」前書所問以此而已』啓超案誠修爲人本末未詳（不審即伊藤仁齋否想未必是待考）先生於當時日本士大夫皆取「來者不拒」態度獨於此人絕之如此其亟殆必有故先生痛恨晚明講學家門戶主奴之習其與黃梨洲同縣同在舟山軍中而始終不相聞問似亦有不願輕與作緣之意右與安東兩札最足表先生自守之狷介及其學風之平實眞切故具錄之

安東守約憫先生客中煢獨不便。嘗婉勸置妾。先生有書與商榷。然竟不納。與安東守約書（卷九葉三）云『……「七十行役」之說屢承懇懇至意賢契之愛我誠深也但此事不可苟且不佞之守身至今如執玉奉盈猶來姦人讒賊萬一眞足以自汚洗之亦不白矣可不懼乎詳味此來意意欲權買一婢子舊年有婢頗好年長貌醜而有才德新正問之已遠去矣甚爲可惜昨日偶來一婢止年十二甚小不解事當試而後定若有一婢能解事則不爲下人所累矣因思不能自作飲食致日前種種煩言雖小人用心險惡亦不佞之過也……』啓超案行實云『離家四十年不接婦女或諭以置妾以備菜餌之奉而先生不許』當即指此事或後此尙有人以此勸也啓超又案前書中有『姦人讒賊』『種種煩言』等語蓋當時一事實與安東守約書（卷九葉七）云『丈夫但不媿於天地不媿於衾影而已不必求調於衆口也如不佞與穎川齟齬繁言沸騰如豕與江口摭拾莫須有之疑遂爲萋斐貝錦如豕大肆蜚言至今不佞必當落於汚泥之中矣何以水落石出終不能加我緣我念頭不差非彼所能汚……』所謂「與穎川齟齬」者其人或是陳元贇集中有答陳一雜帖（卷十二葉八）其辭不惡而嚴元贇不知何許人惟見日人近著之世界史年表大書『明人陳元贇歸化』一條想是當時一小小要人殆其人與先生臭味不合而比之者相與譎詠也此本小事錄之以見先生之所以處橫逆云爾

遺文 以下皆難確考年月大抵在此一兩年間

與安東守約書 卷九葉四大風爲災云云 前月

又 卷九葉四貴國住居云云 來月

又 卷九葉四不得手書云云 一月

又（卷九葉五伊藤誠修云云）又（卷九葉六昨暮得前月廿八日書云云）答安東守約書（卷九葉十四性理大全云云）又（卷九葉十六柳川人至云云）又（卷九葉十七聞貴國京江戶云云）又（卷九葉十八來文貳本云云）又（卷九葉十九前書倉卒云云）贈安東親清序（卷十七葉四）答陳元贇雜帖（卷十二葉八）

癸卯（永歷十七年清康熙二年）先生六十四歲

是年　月延平郡王鄭成功卒於臺灣。子經嗣。仍奉永歷正朔。

是年。先生在長崎。

春。長崎大火。先生僑屋亦蕩盡。因寓於皓臺寺廡下。風雨不蔽。盜賊充斥。不保旦夕。安東守約聞之。曰『我養老師。四方所俱知也。使老師餓死。我何面目復立於世哉。』卽時赴之。拮据綢繆而還。（據行實啓超案是時守約妹病歸後先生有書規之云『賢契於兄弟病危之際舍之而遠憂不佞且欲同來餓死……以後萬萬不可如此』（卷十二葉三十三）又案皓臺寺僧名月舟頗能敬禮先生先生適江戶後曾有書通候先生答書云『每念癸卯年火災酷烈舉全崎而焦土此時寄居廡下家人異趣擾雜清規和尙不以爲嫌反於萬衆之中獨爲尊禮……』（卷四葉九））

先生嘗爲日本某人作一序。其家輕薄子弟貽書相詆。斥爲浮夸虛僞。先生答書（卷六葉十答某書）略云。『前序大意。謂聖賢之道。止是中庸。……不但索之跡象之粗者總是糟粕。卽過於推敲刻覈者。亦不足以引掖後生。跡象摹擬。既足使人厭棄。而理窮渺忽。亦易令人沮喪。既已厭棄。又復沮喪。最易入於異端邪說。……故不若君臣父子夫婦昆弟朋友之間平平常常做去。自有一段油然發生手舞足蹈之妙。……凡此皆實理實學。與浮夸虛僞。豈不風馬牛不相及乎。……不佞今日舍置故園妻子。漂泊異鄉。古人所謂舉目言笑無與爲歡者。又且食蔬衣敝。伶仃憔悴廿年於外。百折不撓。自苦者何心。所爲者何事。更未嘗高自標榜。口舌動人。卽使終留貴國。止求數畝之地。抱甕灌園。纔自給足卽止。初無意於人間世。足下乃以王淮鄭丙目之耶。』又云『不佞徒以避難茍全，本非爲倡明道學而來，亦不以良知赤白自立門戶，足下幸勿再生葛藤以滋煩擾……』啓超案此書年月不能確指，但必爲在長崎時所發，以中有『廿年於外』語，姑列諸本年。此書於先生學術大概及其反東本意皆有關係，故節錄之。

遺文　祭顯考某府君文（卷二十二葉五）　與安東守約各書（卷九中）　答某書（卷十六葉十）

甲辰（永曆十八年　清康熙三年）　先生六十五歲

是年九月，兵部尚書張煌言被執於杭州，不屈死。先生所嘗與同仇共患之仁人君子，至是盡矣。煌言字元箸，號蒼水，浙江鄞縣人。崇禎壬午舉人。乙酉，清師下江南，煌言首從錢肅樂倡義浙東，奉魯王監國。王至會稽，賜進士，授翰林院編修。其後問關奉王於舟山，累官至兵部右侍郎，兩次督師入江，圖中原，事蹟略具前條。己亥之役，鄭成功一挫而退，煌言所復之城相繼復陷，間關走英霍叢山中，展轉以達天台，復集舊部與清師抗，拜表滇中，遙授兵部尚書。成功棄閩入臺，屢諫阻之，不聽，太息而已。其後猶在閩之沙關與清相持者數年。及全滇既陷，魯王復薨，本年六月，煌言乃散軍而匿居南田之懸嶴。清廷忌之甚，卒購諜掩捕焉。九月初七日就義於杭州，年四十五。

日本水戶侯源光國，實大將軍德川家綱之叔父，彼都史家所謳歌之水戶黃門或水戶義公，則其人也。日本自德川家康代豐臣氏而興，削平羣雄，裂土封建，開幕府於江戶，宰制朝權，至是已五十餘年。光國時以尊屬懿親輔政執國命，年未四十，好學勤政，翠然思修文德以致太平。聞先生之風，遣其臣小宅生順詣長崎請業，且謀禮聘焉。

小宅造謁數次，乃以其私請先生東游江戶（卽東京）講學。先生初謙讓未許，小宅請益力，先生曰：『若欲招僕，僕不論祿而論禮，恐今日未易言也。』

啓超案：江戶禮聘實先生全生涯之一轉捩。聞小宅生順有西游手錄一書，具述其始末，惜未得見。今鉤稽集中與小宅往復函札及問答語比而觀之，以見大儒出處進退之節焉。

與小宅生順書（卷十二葉二十一）云「台臺遨游騁遠聞見宏多跋涉三千餘里而來僕猥以荒陋當之「今見卿使人大慝」文叔之言為不誣矣……」啟超案此蓋小宅初謂後有所餽贈答以書

答小宅生順書（卷八葉六）云「……僕事事不如人獨於富貴不能淫貧賤不能移威武不能屈似可無愧於古先聖賢萬分之一一身親歷之事閱與士子紙上空談者異也今寂寥海壖祇希十畝之園閑閑泄泄多者二十餘畝種植瓜蔬易粟餬口非為困厄何有吝嗟至於我道泰否氣運盛衰僕不敢與聞僕固非其人也……若夫自傷落魄至煩援天以明詔之僕貧未嘗有此草廬容膝歌詠先王有敝門人安東省庵一人志同道合亦足為不孤斷虀劃粥亦足以不餓生中國不用而不悔安望居貴邦乃得行聖人之道況景在桑榆耶厚意誠無限僕自揣陋劣故不敢有此奢願也」啟超案此蓋小宅慰問先生之阨窮且勸其以倡明儒教自任先生以此答之

答小宅生順書（卷八葉七）「進退以禮謙讓不遑自是吾儒宜然之道彼大言不慚是乃異端誑誘愚弄之術而謂吾儒為之耶孔子孟子豈獨善其身無有人心者雖栖栖皇皇然亦未聞自衒其玉揭竿於市以市之也」啟超案此蓋小宅得先生前書怪其太謙讓先生以此釋之

答小宅生順問（卷十五葉十）云「問……「余願奉先生於東武（即江戶）欲得日夜親炙渴望渴望」答……「若僕至東武東武才士之林即往恐無益也」問「退託誠為過也東武雖多才子或文人間亦有志君子之學者先生身生仁義之國學究聖賢之奧何為無益乎」答「孔子歷聘七十二君求一日王道之行而不可得以僕之荒陋而得行其志豈非人生之大願誠恐貴國惑於邪教未見有真能為聖人之學者此事必君相極力主持之豈一二儒生與下任徵官所能挽回氣運也僕故不敢承命如有其機而故為退託得罪於孔子多多矣況僕之視貴國同為一體未嘗有少異於中國也貴國惑於邪教深入骨髓豈能一旦豁然」……」啟超案此段問答小宅於禮聘之事徵引其論而先生未敢輕諾也後倘有小宅言東武諸侯好學崇儒非無可為等語先生答以奬勵語文繁不具錄

答小宅生順問（卷十五葉十三）云「問「拙作擬興國學書先生已見之若幸其書有稱寡君之旨而國學之制施行則施教之師想乏其人僕得便宜則欲薦先生當今教授之師其祿足養七八口萬一有招則可東游否」答「興國學事是國家大典而在貴國為更重僕深有望於貴國但以僕之才德菲薄何遽足為貴國庠序之師至若招僕僕不論祿而論禮恐今日未易輕言也惟看貴國主尊意何如耳」……」啟超案此段問答小宅貴言先生心許

答小宅生順雜札（卷十二葉二十三）云「來教事事切中敬服台臺之有學有識其所以賁僕者敢不深自引咎但未知貴國主之志何如禮須自遜辭耳何足下之憤憤耶」又（卷十二葉二十四）云「君子去就自有道矣何可苟焉弟若以富貴為心何緣得至貴國先正云「迎之致敬以有禮言將行其言也則就之其次雖未行其言也體貌未衰則就之」弟非中國中興與胡塵迅掃終無歸理無歸理而紛更反覆弟豈

如此之人乎何台兄疑弟之深也」啓超案此兩札蓋小宅敦請之時情急而語有所不擇先生以君子進退大節及己之所以自處者曉之

遺文　右所列諸書問

乙巳 永歷十九年 清康熙四年 先生六十六歲

是年上半年。先生在長崎。

初。先生欲在長崎買地躬耕。久未得當。至是將就緒而東京禮聘之命至。答野節書（卷五葉四）云「僕以中原不堪腥穢但得留止貴國爲足故欲求十畝之園抱甕自灌絕無他求也一二年來多方覓之不可得今歲纔得數畝議價未成而上公之命至彼時即不能遂其初矣」小宅生順既東返。重以黑川正直之薦。於是源光國請於朝。以禮迎先生。命長崎鎭巡島田守政專員護送。先生與門人數輩議其去就。僉曰『上公好賢嗜學。宜勿辜其意。』答安東守約書（卷九葉十五）云「前答佛者云不肯本爲避難初非爲倡明道學而來日下聖道榛蕪而貴國乂處極重難回之勢……縱雖東行自可想見何如與賢契啜茗促膝抱甕之暇尙論古人揮去俗務自砥身心不更夷猶滿志乎」啓超案此書年月無考玩辭意或是本年所發乃決行。六月下旬。先生發長崎。答長崎鎭處黑川正直書（卷六葉四）云「……望月書致島田公幷劉諭諸通事如聞水戶上公以姬且之尊欲興庠序之敎此誠貴國萬年之聖政丕顯於後昆增光於史册是何如重典也臺下乃緣垂愛之深竟以之瑜應命臺下獨不念之瑜才短學荒體迂性拙榕梲之材何堪爲人作極礎之用徬徨四日博議多人終不得一可辭之語十八日暮逡巡忸怩奉復島田公因思上公之於僕爲兩國之望而聖敎又王道之首務貴國六十六州之羣后百辟鴻儒鉅公卿士大夫以及成德小子民間俊髦引領拭目而望此舉若使小有違錯此誠聖學興廢之關僕虛聲謬劣何足以塞重望然亦無可如何矣至於饑饜金帛之資僕生平志不在此使諸人不寒餒足矣又何必以多寡爲慮……」啓超案此當是六月瀕行前所發書據此知水戶禮聘黑川實與於推轂之列矣時黑川方告老得請（據原書前半）繼任爲島田守政聘書當由島田齋來故云「奉覆島田公」也

七月。先生至江戶。源光國待以賓師之禮。竭誠盡敬。先生安焉。與安東守約書（卷九葉六）云「不佞於七月十一日到東武因冒暑致疾十八日見水戶上

公禮貌甚優……上公大約有建學校之舉入境以來德譽日隆未聞疵政久與之後另當一一奉聞與長崎鎮巡島田守政書（卷六葉五）云『……本月十一日至江戶偶因賤痾連日伏枕十八日午方得謁見宰相上公禮貌優隆言辭和悅使臣諭旨再三絡繹上公賢明謙厚古今罕有其比……』答野傳書（卷八葉十一）云『晉謁之時從容長揖上公毫不致疑而情至言眞懇懃無已……』答黑川正直書（卷十二葉十）云『上公禮意綢繆日更加益憫老儒別無他事相煩且慮不能安僕之身多方委曲此眞以古道相處也……』後此嘗有書與摯友陳遵之述其事曰。卷四葉三『去年六月。應宰相源上公之招。來至江戶。極蒙優禮。在日本國共詫目爲未嘗經見之事。上公乃爲當今之至親尊屬。啓超案「當今」指大將軍蓋日本天皇久成守府也封建大國。列爲三家。盛德仁武。聰明博雅。從諫弗咈。古今罕有。弟處賓旅之位。不能有所裨益。而尸素糜餼。濫用爲媿。……若如此人君而生於中國。而佐之以名賢碩輔。何難立致雍熙之理。……弟於如許大功名大權勢棄之如敝屣逃之如沒溺。啓超案指崇禎弘光間特徵事豈今墓木將拱。乃思立功異域。但遭遇如此。雖分在遠人。亦樂觀其德化之成也。』

光國以先生年高德重。不敢稱其字。欲得一菴齋之號稱之。先生答言無有。三次致言。乃以故鄉一水名應焉。舜水之稱始此。（據與安東守約書卷九葉六）

八月。光國奉命就國。歸水戶藩封也九月。迎先生至水戶。與安東守約書（卷九葉六）云『十九日上公奉命就國來月初三五啓行即日已畫圖遣去復造房於水戶房屋完日不佞復當至水戶居住……』十二月。先生歸江戶。答四宮勘右衛門書（卷五葉一）云『去冬十二月廿一日歸江戶……』

源光國疑先生爲明室顯宦。先生告以若嘗仕宦。便當死國。無緣復偸生來此。乃書履歷緣繇答之。答源光國雜問（卷十三葉二）云『初三日世子介弟就見謂僕爲翰林學士答曰「僕非翰林學士乃明室一書生耳」介弟謂「上公疑僕有隱情」僕則何敢不得已以詔徵一節對之此二十一年在日本未嘗一言及之者今復言僕爲狀元此言不知何來夫以明朝之制狀元初授爲修撰積資遷學士前後須二十年若使僕二十年身受皇恩不能與國存亡而展轉貴國以偸生且夕則與犬家何異……即使僕受明朝守令徵官食儋石徵祿數日乎亦不得至此矣僕以上公爲能尊德樂道故不自揣而遠涉至此……如以其狀元學士也則視僕爲一非人矣言此不勝嗚咽……』啓超案此當是初至江戶時事錄之以見先生所以自處之道其履歷緣繇一

篇已散見各年條下不復贅述

遺文　與鍋島直能書（卷六葉一書由長崎發而言水戶上公見招事故知在本年）　答長崎鎮處黑川正直書（卷六葉四）　與長崎鎮巡島田守政書（卷六葉五）　與長崎鎮巡稻生正倫書（卷六葉五）　答小宅生順書七（卷八葉九）　答安東守約書（卷九葉十五）　與安東守約書（卷九葉六）　答野節書（卷五葉四）　拜故正三位權中納言水戶源威公墓文（卷二十二葉六）

丙午（永曆二十年清康熙五年）　先生六十七歲

是年先生在江戶。（此年以後先生皆在江戶時多間來往水戶及附近都邑不能具考故闕之）

元旦賀源光國啓（卷七葉一）云：『昔者孔子曰大道之行也與三代之英。丘未之逮也。而有志焉。夫大道之行也。天下爲公。選賢與能。講信修睦。故人不獨親其親。不獨子其子。使老有所歸。壯有所用。幼有所長。其不幸不全於天者皆有所養。貨惡其棄於地也。不必藏於己。力惡其不出於身也。不必爲己。……夫以禹湯文武周公之治爲小康。而以此爲大同。……瑜居恆讀此書。慨然興歎曰。吾安得身親見之哉。……私計近世中國不能行之。而日本爲易。在日本他人或不能行之。而上公爲易。惟在勃然奮勵。實實舉而措之耳。以今正當有爲之時。萬一玩日愒月。謙讓不遑。以至於耄耋期頤。庸有及乎。……』（啓超案此書年月無考惟集中編之於與源光國諸書之首或當在本年錄之以見先生懷抱及其責善之誠其他與卿大夫書札類此者頗多不具錄）

是年二月初九日先生下體患一腫毒。甫愈卽眩暈。眩暈未痊。復病耳鳴。耳鳴未已。舊毒復發。至口月二十一日方平復。（據答清水三折書（卷八葉四）答王師吉書（卷四葉十））源光國親臨視疾。事事周摯。使命餽遺。絡繹於道。諸卿大夫無不親來視問。半月之間。上卿有視問八次者。（答王師吉書原文）先生有書謝光國云（卷七葉七）『之瑜不自謹疾。致干天地之和。

……乃蒙上公閣下疊使使者存問……今月二十一日旌旗儼然親臨視疾又念瑜臥病牀席動止爲艱駐蹕於門詳悉審問自古人君好善忘勢煌煌史冊者未有若茲之盛也童叟擁觀誰不驚歎……顧之瑜德涼才薄不足以稱斯盛典譬猶表龍章於裸壤奏簫韶於聾俗他日何以著之簡編用是爲懼耳近日日漸平復惟患口少有未合不敢更煩臺注……』又一書（同葉）云『古之賢君式段干木之廬二千年來傳爲盛美然未有以三公方伯之尊爲寒士而下因而徒行過門逾數十武而後乘者有之自今日始……大足爲之瑜榮寵然而榮寵之意不勝祇懼也未知如何得少補萬分之一不負今日謙謙之美方足以無慚一邦之臣庶及千載之下之耳日耳』啓超案此兩書足見光國盛德與先生之所以自處故備錄之　又案先生患腫毒知在本年者據答清水三折書詳述此事而下文又言毀淫祠事又答原善長書言毀淫祠事而中有『去秋入東武已幾一年』語知兩事同在一年而其年則先生東遷後之次年也又答王師吉書言「患腫毒」書中亦述去年在長崎晤別事益知必在本年矣與源光國書有『患口少有未合』語知亦必爲本年問疾之謝啓

是年水戶毀境內新寺及諸淫祠國人疑出先生意謠詠頗起先生處以鎮靜而已（與原善長書（卷八葉四）云『去秋入東武已幾一年……鄙人不合時宜宜爲世人所吐棄上公別有賞識能收之格外禮儀隆備日漸增加……然亦幸而有此耳……儒羣相唱和共播流言萬里孤踪豈能一日立於貴國之庭彼不過爲螢膽護法妄意禍由僕生而已……』與佐藤彌四郎書（卷十一葉四）云『……足下今視我與孔子子產諸葛孔明才德何如孔子子產衆人尙欲殺之而孔明則謗讟沸騰我今日豈能止人之謗且今日之致此亦有故矣通國皆學佛之人近時適有淸理淫祠之政彼謂釁皆係我窺間伺隙造此紛紜亦理所應有也……且此事關係甚大儒敎得行其君則安富尊榮子弟則孝悌忠信……此何等大事而足下謂可以人力爲之耶足下但修身讀書以聽之愼毋輕率躁妄爲此紛紛之論也』答淸水三折書（卷八葉四）云『此時上公力毀淫祠僕遭蜚語騰謗何敢輕易發一言爲他人作話柄也』啓超案讀以上諸札知先生當時頗處危疑之地先生雖崇儒然只求其在我對於佛敎絕不取攻擊態度其宗旨已詳前所引答釋獨立安東守約諸書水戶毀寺自是光國自動特先生適逢其會故蒙謠詠耳）

源光國以先生老病遠客屢勸喚取兒孫一二人前來侍養先生因作一書寄長男大成實國變後第一通家書也又一書與故鄉摯友陳遵之詢問骨肉交舊消息又一書致長崎僑商王師吉託預備照料其與陳遵之書（卷四葉三）篇末云『此書與兄作永訣故縷縷至此閑暇之時每飯心未嘗不在兄所然今生豈能有再見之期

徒虛想耳。倘弟諸孫中有可者。兒但預先點簡一人。八歲以上至十餘歲皆可。英俊有恥者爲上。性行淳潔者次之。循循雅飭者又次之。若粗野頑劣者。則不如不來爲愈。俟明年有便。當爲之計也。……』〈答安東守約書卷九葉十九〉云『敝友陳遵之者有無相共患難相恤胤息相子未嘗有形骸爾我之隔不倦往時面謂之云「若足下可稱相厚矣不可言相知也」……』啓超案遵之似是先生要之昆弟此書所敍瑣事關於先生家庭史料者甚多已散列各年條下茲不復錄知此書在本年者以中有『去年六月應源上公之招來江戶』等語

其答王師吉書（卷四葉十）末段云。『上公諭令接取小孫來此。若得一可意者。晚景少爲愉悅。稍解離憂耳。一到長崎便須蓄髮。如大明童子舊式。須做明朝衣服。不須華美。其頭帽衣裝一件不許攜入江戶。弟不喜見此也。……』

其與男大成書（卷四葉三四）略云。『我以事無所益。已與汝辭作永訣。他日泉路父子相會也。總不必以家事亂我心緒。我家必無喜事。即有凶危。豈能相卹。故絕之耳。我豈非人情哉。……我父墳近城邑。有事必遭踐踏。我欲汝還葬遠處。同我母一山。……汝母與汝繼母亦同葬此山。我總無歸葬之理。不必懸母以待也。……汝館穀餬口而食指甚繁。其貧可知。然不能爲汝助也。歠粥咬菜根。亦是好事。猶勝諸縉紳之家耳。……』（此外尚有問詢其兄及諸親友語不具錄）

遺文　元旦賀源光國啓（卷七葉一）　與原善長書（卷八葉四）　與佐藤彌四郎書（卷十一葉四）　答清水三折書（卷八葉四）　答四宮勘右衛門書（卷五葉一）　與源光國書十五十六（卷七葉七）　與陳遵之書（卷四葉二）　與男大成書（卷四葉三）　答王師吉書（卷四葉十）　與木下貞幹書（卷五葉八）

丁未（永歷二十一年　清康熙六年）　先生六十八歲

是年上半年先生在江戶。八月至水戶。在彼度冬。（據行實）

與安東守約雜札（卷十二葉三十四）云。『不佞承宰相上公厚愛。無與爲比。水戶學者大興。雖老者白鬚白髮亦扶杖聽講。且贊儒道大美。頗有朝聞道夕死而可之意。此或是一好機括。且云已前皆做昏夢。今日始知耳。』（啓超案此札年月難確考。釋全文似是先生第二次至水戶時所寄。則當在本年也。觀此則先生蓋嘗爲公開的講學矣。）

源光國爲先生起第於江戶之駒籠。先生力辭數四。且曰。吾託孤蹤於外邦。得養志守節而保明室之衣冠。感恩浴德莫之大焉。至於衣之食之居之。或豐或儉。則未嘗置之懷抱也。且吾祖宗墳墓。喬木秀美。想必爲虜發掘剪除。每念及此。五內慘裂。恥逆虜之未滅。痛祭祀之有闕。若豐屋而安居。非我志也。光國慰諭懇至。乃勉從之。（據行實）

遺文　水戶城鐘銘（卷二十葉四）　高枕亭記（卷十八葉四）

戊申（永歷二十二年　清康熙七年）　先生六十九歲

是年二月。先生歸江戶。入居駒籠別莊。

先生常念安東守約傾心之篤。每通書信。或寄黃金衣服以攄情素。守約領其輕還其重。先生乃代金以絹帛。書諭之曰。『昔及相見。分微祿以其半贈不佞。賢契敝衣糲飯。樂在其中。蓋以我爲能賢。以爲道在是也。豈有有道之人而忘人之德者乎。賢契而忘之則可也。不佞而忘之。尙得謂之人乎。大凡賢者處世。既當量己。又當量人。賢契自居高潔。則不佞處於不肖矣。不幾與初心相紕繆乎。況非所謂高潔乎。』自是不敢拒而受之。（啓超案此書本集失載。今據行實係於本年。）

是年。源光國四十。先生爲文壽之。因曲禮『四十曰強』之語。因推言『自強不息』『聖人積衆賢以自強』諸義。末云。『上壽之道。例以祝或以頌。而今乃以規』云云。

遺文　源光國四十壽序卷十七葉六

己酉　永曆二十三年 清康熙八年　先生七十歲

是年。先生在江戶。

先生援七十致仕之義。啓源光國告老。光國肫篤慰留。乃已。啓（卷十二葉五六）云『伏以內則著引年之禮春秋垂請老之文蓋使有志者委義命以安時之薄植者循典例而恬退之瑜感懷知遇欲圖報以無窮奈夫景逼桑榆貴自量而知止况乎龍鍾搖漾恆虞以顛仆以臘者諱卽今杞柳凋零竊笑栝棬而自詑坐糜大官之廩餼究無小補之功能守先王待後學撫躬揆聖以增羞過者化存者神履地戴天而媿知孝弟忠信豈吾道之非與安富尊榮俟河清而奚日茲者犬馬之齒登已七十漏欲盡而鐘欲鳴筋骨之力日就衰頹心愈長而髮愈短而几寒暑雨風時時慰諭耄勤疾疢事事矜憐極知優容之過身尚逸於歸休自揣閑散之尤任何官而致事但禮義之關無容踰越廉恥攸係不敢因循爲此披瀝敷宣伏望鑒茹俞允』與古市主計書（卷十一葉二十一）云『去年今年不佞禮得請老⋮⋮十一月欲上此書不佞雖祕密其事而宰相源公似已知之屢見輒言匆冗故此書不得達至今年正月廿四日方轉託當上路此奉覽終於不允源公耑使諭意及親臣揣度皆言必不能成故不得中止』與林道榮書（卷十一葉十六）云『前年欲告辭歸崎而宰相源公屢眷不已今春更欲再辭而諸人識與不識皆以爲不可極力相阻不容不從殊不知辭謝者進退之道況今老邁不堪乎而世俗之見戀戀棧豆豈遂爲宜』與奧村庸禮書（卷十一葉八）云『不佞今年七十擬於舊冬告老適值宰相上公無暇延至今年正月廿四日此書方得上達而上公不允屢屢遣人致意謂「不佞客也與他仕者禮異」而上公日夕親近之人到寓備言上公禮意之厚且云「任憑先生如何說上公如何肯放先生去」不佞思歸亦無家與中原人居中原者不同且上公意思勤勤懇懇而必欲辭歸近於上徵名於禮未爲至當故不敢復言明年會當辭祿惟留少許以養生耳』

是年四五月間。先生大病幾不起。答木下貞幹書（卷五葉八）云『自初夏以來纏綿病憊蒲節之後一病幾於不起』　啓超案此書言及告老事故知在本年

十一月十二日。先生誕辰。源光國行養老之禮。饗先生於後樂園。親授几杖。竭誠盡敬。十六日親臨其第。酒殽

幣帛。禮接稠疊。特製屏風畫漢倭先哲年高德卲者六人——太公望。桓榮。文彥博。武內宿禰。藤原在衡。藤原俊成。以介遐壽。據行實　先生本以國戚不慶壽。光國事前不使聞知，故不獲辭。與古市主計書（卷十一葉二十二）云「七十稱觴，乃具慶者之事，不佞不慶壽。十日之前已與諸門人言之，惟是源公意思肫篤，禮儀卒備，而先不預聞，不得以微情上達耳。受之十分慚懼，又且煩諸公遺賀，或以詩詞之歌頌，益深悚惕矣」與奧村庸禮書（卷十葉八）云「七十賤辰本不足稱慶，荷上公厚愛，無所不至，雖至微細事，莫不精虔懇惻，富而不驕，貴而能降，使人感激涕零，不獨几杖之錫而已。聞之於遠，未能詳盡，且人能見其外，未能知其誠。不佞際此殊遇，深愧無以為報」

是年。長子大成卒於家。據行實　先生迄未知之。與某書（卷六葉十一）云「豚兒七歲能讀書，日誦百行，一字無遺，然不能賢，膠柱而鼓瑟，不通於天下之理，僕甚不喜。然國變以來，亦能不為虜所汚，隱居教授，家人藉以餬其口，不至如他縉紳家貧困狼籍，差強人意耳。大明未亂之時，合天下之縉紳，惟僕家獨貧；國變之後，合天下縉紳，惟僕家獨安。上蒙祖父世德，籍下亦賴豚兒舌耕餬口也」

是年。為源光國作諸侯五廟圖說。據行實　啓超案：今遺書中無此文，惟卷十六葉一至五有水戶上公太廟典禮議一篇，葉七至十一有奉神主宜廟宜寢議一篇，皆與此事有關，不敢何年所作。又案：續檢卷十葉十一答奧村德輝書云「五廟之禮……須與宰相上公事事面訂而後行，隨手疏列，已得六十二事，稽之載籍，遺漏尚多……」又言「五年垂八十，精力日衰，記性日拙，事事多遺忘」據此則作五廟圖說，當是七十八九歲時事，行實所紀疑誤。

遺文　與源光國告老卷十二葉五　謝源光國賀七十算卷十二葉六　游後樂園賦卷二葉二　答釋澄一卷四葉十二　與源光國書二十四卷七葉九　答田犀書卷八葉十三　與古市主計書卷十一葉廿一　與林道榮書卷十一葉十六　與奧村庸禮書卷十葉八　與安東守約書卷九葉三　答木下貞幹書卷五葉八

庚戌永曆二十四年清康熙九年　先生七十一歲

是年。先生在江戶。

先是源光國久有興學校之志。先生在長崎時已有所聞而亟冀其成。答安東守約書（卷九葉十七）云「聞貴國京江戶有設學校之舉，甚為喜之。貴國諸事俱好，只欠此耳。然此事是古今天下國家第一義，如何可以欠得……近者中國之所以亡，亡於聖教之廢壞。聖教廢壞，則奔競功利之路開，而禮義廉恥之風息，欲不亡得乎？知中國之所以亡，則知聖教之所以興矣』啓超案此在長崎所發書也小宅生順之來聘。意殆欲得先生主講席。答小宅生順問（卷十五葉十三）云『問拙作擬興國學書先生已見之若幸其書有稱寡君之旨而國學之制施行則施敎之師想乏其人僕得便宜則欲薦先生……』然蹉跎數年。未底於成。其原因一。蓋由茲事體大。當局有謙讓未遑之想。答加藤明友書（卷六葉三）云『若以貴國爲褊小爲東夷謙讓不遑則大不然貴國今日之力爲之尚有餘裕昔者滕壤褊小不能五十里一且舉行學校猶且未能究其功用而學士大夫至今猶嘖嘖稱之今貴國幅員廣大千倍於滕而百倍於豐鎬而物產又甚饒富失今不圖而後必有任其咎者矣至若以風物禮儀爲歎者則建學立師乃所以習長幼上下之禮申孝弟之義忠君愛國而移風易俗也何歎焉惟期銳志舉行之僕生於越而貫於吳周之東夷也擯而不與中國之會盟者也……然自漢以來文物軌章何如者今日之吳與越則天下不敢望其項背矣……顧在作人者何如耳豈以地哉』其二。似時論多持異同。雖光國以懿親執政。亦不能無所顧慮。答奧村庸禮書（卷十葉二）云『上公負特達之資而恭儉禮下使得爲所欲爲豈惟一變至魯雖至於大道之行亦自無難細觀其意似乎有功令森嚴善書掣肘之慮東土雖云荒瘠雅不及於舊邦若果能眞心爲之世無不可教化之地太公之營丘熊繹之荊楚豈其先遂繁富振此哉況乎以聖人之道表東海耶不侫粗中坦率全無彼此冀望誠深未知得如願否也景迫桑榆河淸難竢奈何』至是光國毅然舉行。請先生作學宮圖說。使梓人依其圖而以木模焉。大居其三十分之一。棟梁枅椽。莫不悉備。而殿堂結構之治。梓人所不能通曉者。先生親指授之。及度量分寸。湊離機巧。教喻縝密。經歲而畢。文廟。啓聖宮。明倫堂。尊經閣。學舍。進賢樓。廊廡。射圃。門樓。牆垣等。皆極精巧。光國又欲造祭器之合古典者。先生乃作古升古尺。揣其稱勝。作簠簋籩豆登鉶之屬。如周廟欹器。唐宋以來。圖雖存而制莫傳。先先依圖考古。研覈其法。巧思默契。指畫精到。授之工師。工師諳受頻煩。未能洞達。乃爲之揣輕重。定尺寸。關機運動。教之彌年。卒得成之。據行實　初議建學於遠郊。而先生謂宜在國都。後卒采先生言。見卷八葉十答小宅生順野傳論建聖廟書

是年。先生以檜木作棺。漆而藏之。謂門人曰。我既老在異邦。自誓非中國恢復不歸也。而或一旦老疾不起。則骸骨無所歸。必當葬於茲土。然汝曹素不知制棺之法。臨期苟作。則工手不精。制度不密。數年之後。必致朽敗。

後來儻有逆虜敗亡之日。我子若孫有志氣者。或欲請之歸葬。而墓木未拱。棺槨已弊。則非徒二三子之羞。亦日域之玷也。吾之所以作此者。非爲手足也。爲後日慮耳。況禮有「七十月制」之文乎。（據行實）

遺文　與保田若狹守（卷十葉十四）有去年五月一病幾於不起語

辛亥（永歷二十五年　清康熙十年）先生七十二歲

是年。先生在江戶。

先是源光國請先生召兒孫或故舊一二人來奉養陪侍。有王儀字民則者。夙以航海貿易爲業。有一海舶來往東南洋。先生奔走國難時所常與通財者也。（看辛丑年條下注引與安東守約書）至是（？）招之至江戶。時海禁未開。特爲先生破格而已。（與小宅安之書（卷十一葉十三）云『去年及今年三月屢屢承宰相源公厚意念僕不置令兵左衞門招僕親友願留者留於日本五月間入朝面諭趙文伯呼小兒小孫偶然談及王儀顧鼈基二人一係相與多年并及其厚待處一係僕同鄉二人均非市井刻薄之人二人若來僕有疾病及平常談笑似於僕有益卽蒙源公慨允故作書與王儀……王儀不相見者四年矣……』與源光國書（卷十二葉五）云『前所面懇王儀者已於六月十八日到港其人雖非親族而意氣綢繆過於所親十載已來情義不爲衰減每年漸加敬謹可見讀書氣味大異賈人其人來此則某偶罹病患必能扶持平日拮据必能分勞』啓超案王儀之來不甚確在何年據與小宅書有「不相見四年」語則初識招彼當屬先生離長崎後四年事而王儀見招後又有波折越兩年（？）始克至故略推定其事在本年）光國指撥駒籠別莊比鄰一屋與儀。先生力止之。（卷七葉十二十三與源光國啓事二卽專言此事極陳强奪民居之不可末云『令之未下也則無怨無德令已發而追寢之則歸美於瑜之矣故先事而豫言之且凡事忌盈天之道人之道也……瑜誠不願自處滿盈犯天人之所惡也』）

壬子（永歷二十六年　清康熙十一年）先生七十三歲

是年。先生在江戶。

是年。水戶學宮成。源光國請先生制定釋奠儀注。率儒學生行之。（據行實）

遺文　改定釋奠儀注（遺書第二種）

癸丑（永歷二十七年　清康熙十二年）先生七十四歲

是年。先生在江戶。

遺文　答奥村庸禮（遺書卷十葉五有七十四叟語）

甲寅（永歷二十八年　清康熙十三年）先生七十五歲

是年。先生在江戶。

先是源光國請先生製明室衣冠。至是成。（據行實）

乙卯（永歷二十九年　清康熙十四年）先生七十六歲

是年。先生在江戶。

丙辰（永歷三十年　清康熙十五年）先生七十七歲

是年。先生在江戶。

先生兩子既前卒。有兩孫。長曰毓仁。次曰毓德。皆長子大成出。孤貧育於外祖姚泰家。先生自次子大咸卒後。蓋與家族不復相聞問。到江戶之次年。始有與子大成及陳遵之各一書。書達姚家。家人相與驚嘆悲喜。然未審海外險夷禁諱。欲出訪而未敢輕動。乃託外親姚江（未詳爲姚泰何人）赴日本察邦憲。且問先生起居。泰以先生離鄉久。不識江。乃授以先生生所常御之金扇及命紙等爲信證。而附以家書。是年。江至長崎。雖未得見先生。然備諗源光國禮待之優。及欲召一孫之意。明年（？）江歸。途間爲淸吏所拘。（略據行實　啓超案行實稱「先生覽家書始知大成之死泫然隕涕』惟據明年與諸孫男書尚未知大成存亡則行實所言不確也又言『姚江以犯禁充軍然』後此張非文之東游姚江實爲介然則江是否充軍亦未定或充於近地旋獲省釋耶

丁巳永歷三十一年清康熙十六年先生七十八歲

是年先生在江戶。

有與諸孫男書卷四葉四略云『我離家三十三年。汝輩之生也尚不得知。況能育養成長。汝父教授餬口。前箸里堰楊姓者來云。我孫甚多。食指繁則家道益致艱難矣。然汝曾祖清風兩袖所遺者四海空囊。我自幼食貧。虀鹽疎布。……豈我今日獨薄於汝輩。勿怨可也。我今年七十八歲。衰憊不可勝言。思欲得一子孫朝夕侍奉。汝父雖無恙。年將六十。不可遠行。且又一家資以爲生者。汝兄弟中擇一性行和順舉止端謹者來。有才者不可來。留以力養父母。主持家門。年十五六歲以上卽可。汝輩既貧窘。能閉戶讀書爲上。農圃漁樵孝養二親亦上也。百工技藝自食其力者次之。萬不得已傭工度日又次之。惟有虜官不可爲耳。古人版築魚鹽。不虧志節。況彼在安平無事之時耶。髮黃齒豁。手足胼胝。來亦無妨。漢王章爲京兆尹。見其子面貌蠢惡毛髮焦枯。對僚屬便黯然銷聲。我則不然也。爲貧而仕。抱關擊柝。亦不足羞。惟有治民管兵之官。必不可爲。既爲虜官者。必不可來。既爲虜官。雖眉宇英發。氣度嫻雅。我亦不以爲孫。……四月二十一日書。此書本與汝父元楷。舊年有一盧姓者來云已物故。我雖不信。然五十七歲人。死亦常事。故寄與汝輩耳。』啟超案此書當是姚江來後乃發但不言得家書亦不及姚江一字殆江懼禍未攜家書此書亦非託江帶也故大成之死先生卒未知之又案此書頗長其有關於家庭史料者散載各年下不複錄

戊午永歷三十二年清康熙十七年先生七十九歲

是年先生在江戶。

安東守約喪父將兩年矣。始以書報先生。先生致書慰唁。且誨以報訃之禮。書末云：『不佞今年七十有九。稍復苟延來年則八十矣。百病咸集。突如其來。不知何病。或一兩月或三四月不能脫體。欲得賢契一來見我。瞑目地下。翹首西望。若歲大旱跂望霖雨。何時得從容把臂也。閣筆掩淚。將以語誰。』卷九葉七蓋先生自去長崎後。已十二年不晤安東。且終身不得復晤。憂患餘生。老病煎迫。撫今懷舊。不覺其言之沈痛也。

先生蹤跡既聞於家。於是長孫毓仁直來日本省視。是年十二月至長崎。礙於法禁。不能至江戶。源光國使先生門人今井弘濟往長崎視毓仁。所以慰勞賜賚之者良厚。據行實

遺文　與安東守約書卷九葉七

己未 永曆三十三年 清康熙十八年　先生八十歲

是年先生在江戶。

四月。弘濟抵長崎。與毓仁相見。備述先生之意。且諭毓仁侍養。對曰：『毓仁幼失父。家有母及弟。而無負郭之田。我之來也。欲問家祖安否。面陳情實。歸告母及外祖。以慰其渴望。然後辭母再來。以終侍養。前者姚江之來。不及至家。中途遭事。而毓仁家貧不能贖之。居常鬱陶。忽焉浮海。而長留不歸。雖有事祖之誠。而實缺倚門之望。今且歸而報母。必圖後舉。則於祖於母。孝心兩得矣。』七月。弘濟歸。備述毓仁意及故鄉消息。先生憮然感愴。據行實　毓仁歸。越六年。乃克再來。而先生遂不及見。啓超案先生有與孫男毓仁書僅寥寥一短札述安東省庵之高誼令其致謝而無他訓語殆先生以爲毓仁可來江戶耶

十一月十二日。先生八十生日。源光國又行養老禮。前一日親造第慶祝。奉以羔裘鳩杖龜鶴屛等二十品。明

日先生設香燭拜告天地。略言逆虜未亡。故土爲墟。而身在異邦。遲暮衰疾。虛受禮遇。無以爲報。欷歔流涕。見者感喟。其日光國命奏古樂以樂之。（據行實）

遺文　與孫男毓仁書（卷四葉五）　謝源光國賀八秩（卷七葉十一）

庚申。（永曆三十四年清康熙十九年）先生八十一歲

是年先生在江戶。老病漸劇。體生疥瘡。不勝起坐。涔涔在牀。（據行實）

辛酉。（永曆三十五年清康熙二十年）先生八十二歲

是年先生在江戶。衰憊日甚。源光國問疾。饋藥絡繹於途。先是醫官奧山玄建侍先生久。每病皆服其藥。至是先生辭曰。玄建名醫也。今吾之疾。疥瘙浸淫。手足汚爛。使之診脈。恐傳染醫手。累人轉多。利己損人。君子弗爲。且犬馬之齒已逾耄耋。而欲以藥石延旦夕之命。未爲知命者也。玄建苦請診脈。終不許。乃望聞而制藥。先生服之。聊以答光國輩敬愛之意而已。（據行實）

壬戌（永曆三十六年清康熙二十一年）先生八十三歲

是年正月。先生在江戶。

先生自遭國變。幽憂痛憤。重以冒犯風濤。四方奔走。心力俱瘁。病咯血二十餘年。幸所養甚深。善自嗇攝。是以老而不衰。答野節問（卷十五葉七）云「問懲忿窒慾者人之所難也先生二十年來塞慾感仰感仰程夫子七十而氣力勝於前時……先生能如此故血痰嘔咳者無妨耳答色慾至爲末事然君子於此自振爲難僕事事不如人獨於此中鮮能惑之者近者自解云所謂入水不濡入火不熱者釋子但能言之而不能行之僕能行而未嘗言之至於嘔血者蓋以陰陽不接又多家國之憂宜乎其有此疾耳其不致性命之傷者則又在廿年保嗇之功」一至是疾乃大漸。三月某日。設宴招親友及門人等。力疾起坐。諄諄敎誨。蓋永訣也。四月十七

日無有他疾語言聲色不異平日未時奄然而逝年八十三先生既制棺又逆備葬具門人斂畢源光國率其世子綱條及諸朝士臨其葬以四月二十六日葬於常陸久慈郡大田鄉瑞龍山麓依中國式作墳題曰「明徵君朱先生之墓」一據行實及碑陰

是年正月初九日顧炎武卒年七十

明年先生周忌安東守約爲位而哭祭以文曰『維天和三年歲次癸亥夏四月十有七日門生安東守約謹以薄奠敬祭於大恩師大明故徵君魯璵朱先生之靈嗚呼先生秉仁仗義特徵不就高尚其事及胡入寇屏跡四邊矯矯雲鴻不染腥羶其在安南國王將殺守禮不屈、凜凜樹節吁我小生無德無才以先生來爲程爲朱負笈趨拜齒弟子列誘掖諄懇教愛親切稍解榘矱許以知己經史奧義命面提耳雨雪之晨風月之夕醉酒飽德情意共適嗚呼先生質性剛毅以誠爲本一生不僞德貫天人學極古今洙泗伊洛繼統惟深其接人也容貌粹溫於和樂中有恭敬存其作文也辭義典雅頃刻成篇足服班馬猗嗟若人邦家寶也在崎多年世無知者水戶上公聞世明君道德文章出類拔羣先生赴召過我衡門豈圖此別永爲終天既至武陽禮待日隆釋奠云行周道興東信道崇聖百祿是宜人道之美何事如之嗚呼哀哉天和二年四月乙未天不慭遺溘乘雲氣聞訃慟哭絕而復蘇哲人云萎吾道復孤不侍湯藥不與窀穸泣血號天徒爲毀瘠奉別以往忽十八祀流化跳丸復易年矢追思昔遊不可再得新樹鬱葱聽鵑愴惻我有書筒盈先生簡每一展開哀慕無限嗚呼先生知我望我今也既逝學殖云墮有疑誰問有過誰督有事誰計有懷誰告先生之靈上爲列星侑以蕪詞鑒照我誠嗚呼哀哉尙饗』一文集附錄葉十四其年七月十二日，源光國與羣臣議，謚曰文恭先生，親詣墓門，薦以少牢，文曰：『嗚呼先生，道德坤厚，才望高崧，生於明季之衰，遭於陽九之厄，危行砥節，屯蹇隱居，鶴書連徵，確乎不拔，身陷賊窟，守正不移，流離轉蓬，經幾年所，衣冠慕古，未曾變夷，歐血嘗膽，至誠無息，弢光肥遯，謝恩遠辭，鼓翼南溟，奮鱗東海，風饕雪虐，義氣益堅，寬文乙巳夏六月，惠然寓我，我茲師資，終日諄諄，論文講禮，嗚呼先生，博學強記，靡事不知，起廢開蒙，孜孜善誘，斅我未半，天不假年，去歲夏初，奄奄忽逝，嗚呼先生，生有懿行，死不可無美謚，古言曰道德博聞曰文，執事堅固曰恭，蓋先生之謂乎，故謚曰文恭，肅攄哀誠，敢告塋墓，嗚呼哀哉，伏尙先生之靈，來聽來饗。』

又明年，源光國於先生所居之駒籠別莊構祠堂，十二月十二日遷主，祭用少牢，自爲文曰：『維日本貞享元年歲次甲子十二月壬辰朔越十三日甲辰，參議從三位兼行右近衛權中將源朝臣光國謹以潔牲柔毛粢盛醴齊，致祭於明故徵君文恭朱先生曰：嗚呼先生，明之遺民，避難乘桴，來止秋津，寤寐憂國，老淚霑巾，衡門常杜，簞瓢樂貧，韜光晦迹，德必有鄰，天下所仰，衆星拱辰，既見既遘，眞希世人，溫然其聲，儼然其身，威容堂堂，文質彬彬，學貫古今，思出風塵，道德循備，家寶國珍，函丈師事，恭禮賓賓，嗚呼哀哉，齒超八旬，遽爾捐館，今及三春，情所不忍，結不能伸，相攸構廟，輪奐維新，簠簋籩豆，云設云陳，牲醴粢盛，克祀克禋，敢告徵誠，焚香參神，神若有知，來綏來臻，尙饗。』

* * * * *

先生卒後之二年，甲子（永曆三十八年　清康熙二十三年）清兵入臺灣，鄭克塽出降，明正朔絕。

是年五十川剛伯編錄朱徵君集十卷，上之加賀侯。

先生卒後之三年乙丑清康熙二十四年先生孫毓仁重來日本拜墓而返。

先生卒後之四年丙寅清康熙二十五年先生同里後學張斐來日本。有所謀。不就。爲文祭先生。斐字非文號霞池浙江餘姚人國變後潛奉明懷宗第三子定王慈烱（？）矢志光復舜水先生歿後源光國欲更求師於中土朱天生（即毓仁）及姚江（即最初來省舜水之人）致書水戶臣今井將興以斐薦至是斐至長崎光國遣儒臣大串元善往迎之元善有續西游手錄（小宅生順迎舜水時著有西游手錄元善竊比之以名其書）紀其大略初時元善蓋述禮聘之意斐云「放廢之人非求用於貴國心中之事願得一度謁尊主而決之」其後往復數四斐密語其志事元善蹶然曰「然則先生固今之程嬰杵臼也初未嘗知之浪以無用瑣碎語亂大志先生之不肯固宜矣如傳此情於江都則我公亦彌服先生之義……」然當時日本固非能應斐之求者斐不得要領遂拂衣歸元善續西游手錄自序云「……文恭先生（舜水）歿後數年善復使崎港偶逢先生鄉人張斐非文者其學問議論雖不可與先生同日而語又間有可愛者……上公大喜欲復召致以爲鄰枚事已就緒有故而止上公遺憾特甚……」（以上資料據日本史學雜誌第二十六編第八號「明末乞師孤忠張非文」篇）非文遺著有莽蒼園文稿清末章炳麟曾序而刊之非文有祭舜水先生文二篇其一云「登彼西上兮蹈此東海夷齊千古兮而有公在公之不死兮將有所待公而既死兮痛詎有艾嗟予小子兮有志未逮獨行寡和兮蠢刺爲怪天乎知我兮心則已憊既窮域內兮復之海外初至國門兮閽者以戒憂從中來兮誰與爲儔異方之人兮鬼神是賴公其佑我兮無即于殆」其二云「嗚呼中原陸沈天傾地折狂瀾一瀉九州盡決既胥溺而莫救何大海之不可涉奮一往而輕身去故鄉以永別蹇孤蹤而至止懷綱常於無缺況忠信之所孚又此邦之多傑咸儼師而敬友復尊德而樂業管寧渡遼而浴化文翁入蜀而教洽蓋君子之所處必有益於人國唯我公之高躅亦獨遵夫前轍苟吾道之可行又何憾乎異域嗚呼吾獨悲夫夏嗣之猶存纂羿之未絕詎斟鄩之遂無其人遽壽命之忽焉而奪甘夷餓而非難辱箕奴而不屑將忍死而有爲非逃此而苟活兌夙志之無成僅一身之歸潔日豈瞑而淚漬心不灰而血結國隕祚而長悲家望祭而徒切悵歸魂於萬里渺驚波之難越嗚呼已焉哉唯浩氣之常存塞中天而不滅起後生之頑儒勵壯夫之名節慨予生之獨晚慕前修之餘烈聞父老之遺言心每傷而嗚咽跪陳辭以奠哀靈飄緲其來接」

先生卒後之十五年丁丑日本元祿十年源光國著大日本史記成。

先生卒後之十八年庚辰日本元祿十三年源光國卒。

先生卒後之十九年辛巳日本元祿十四年安東守約卒。

先生卒後之三十三年乙未日本正德五年　先是源光國手輯朱舜水先生文集二十八卷，至是其子綱條刻成之。

先生卒後之一百八十五年戊辰日本明治元年　日本大將軍德川慶喜奉還大政，彼都史家稱爲「王政復古」

先生卒後之二百二十九年辛亥清宣統三年　清室遜位。

附錄

中國歷史研究法補編（姚名達編）第五章年譜……我自己做朱舜水年譜，把舜水交往的人，都記得很詳細。那些人名，日本人固然聽得爛熟，中國人看來都很面生。朱舜水與日本近代文化極有關係，當時即已造就人才不少，我們要了解他影響之偉大，須看他的朋友和弟子跟著他活動的情形，雖然這些人史料很缺乏，但我仍想努力搜求，預備爲他們做些小傳。像朱舜水一類的人，專以造就人才爲目的，雖所造就的是外國人，但與我們仍有相當的關係，在他的年譜附載當時的人，當然愈詳愈好。』　案國粹叢編社出版蒼水全集附錄有人物考略一卷，傳略補一卷。

同上……我做朱舜水年譜在他死後還記了若干條，那是萬不可少的。他是明朝的遺臣，一心想驅逐滿清，後半世寄住日本，死在日本。他曾說過，滿人不出關，他的靈柩不願回中國。他自己做了耐久不壞的靈柩，預備將來可以搬回中國。果然那靈柩的生命，比滿清還長，至今尙在日本。假使我們要去搬回來，也算償了他的志願哩．我因爲這一點．所以在年譜後記了太平天國的起滅．及辛亥革命淸室遜位直到了滿淸覆亡．朱舜水的志願纔算償了．假如這年譜在淸朝做．是做不完的．假如此類年譜沒有譜後．是不能成佳作的．」

飲冰室專集之九十八

辛稼軒先生年譜

先生姓辛氏。諱棄疾。字幼安。中年名所居曰稼軒。因自號稼軒居士。德祐初追謚忠敏。

始祖維叶。唐大理評事。由狄道遷山東之濟南。故世爲濟南人。先生脫虜南歸。二十年迄無定居。淳熙中始築室於江西之上饒。慶元中徙居鉛山。遂爲鉛山人。

高祖師古。儒林郎。曾祖寂。賓州司戶參軍。祖贊。朝散大夫。隴西郡開國男。亳州譙縣令。知開封府。贈朝請大夫。父文郁。贈中散大夫。先生逮事祖父。其南歸蓋秉祖訓。

〔考證〕先代家世。皆據辛敬甫所編舊譜（以下省稱舊譜）。敬甫嘗從鉛山得濟南辛氏譜及鉛山辛氏譜。先生先系及生卒年月日及諸子名皆在焉。兩譜並題先生手輯。鉛山譜非出先生自無待辯（因所引諸文什九皆先生卒後事）。濟南譜是否必爲手輯。亦屬疑問。惟所記祖父名與進論箚子合。諸子名有見遺詩中者。生卒年月考諸詞集悉無誤。則兩譜必爲宋以來世傳。蓋可信。故采之。

乾道乙酉進美芹十論箚子云『臣之家世。受廛濟南。代膺閫寄。受國厚恩。大父臣贊以族衆。拙於脫身。被汙虜官。歷宿亳。涉沂海。非其志也。每退食輒引臣輩登高望遠。指畫山河。思投釁而起。以舒君父所不共戴天之憤。嘗令臣兩隨計吏抵燕山。觀形勢。謀未及遂。大父臣贊下世。……』案此可見其大父卒時先生齒已非稚。而先生之忠義智勇。其秉承祖訓者獨多也。

先生昆弟行可考見者二人。曰祐之弟。曰茂嘉十二弟。

〔考證〕據箚子『族衆拙於脫身』語。則先生族人留北者蓋甚多。祐之茂嘉殆從先生或後先生而南歸者耶。二人名皆無考。集中贈祐之詞凡十二首。贈茂嘉詞凡二首。祐之家浮梁。與上饒鉛山接境。文采風流蓋肖先生。先生家居時常與唱和。茂嘉才氣肝膽。蓋肖先生。遠官桂林。劉改之龍洲詞有沁園春送辛幼安弟赴桂林官一首其人決爲茂嘉非祐之故先生贈行兩詞。語皆悲壯激楚。賀新郎『綠樹聽啼鴂』永遇樂『烈日秋霜忠肝義膽』茂嘉是否同懷不可知。祐之決是從弟。彼蓋有母在南也。西江月壽祐之弟新居落成有『先向太夫人賀』語餘題送歸侍浮梁屢見感皇恩慶嬸母王恭人七十當即祐之之母

先生夫人姓氏及結婚年無考。但其齒之穉於先生者似不少。先生有子九人。曰稹。曰秬。曰稏。曰穮。曰穰。曰穟。曰秸。曰褎。曰穲。穲早殤。諸子小名有曰鐵柱者。未知爲誰。

〔考證〕先生年二十三脫身南歸。似未有眷屬。何時始娶無可考。浣溪沙壽內子云『壽酒同斟喜有餘。朱顏卻對白髭鬚。兩人百歲恰乘除』。此詞作於何年雖亦無考。然朱顏對白鬚。則年齒相懸可知。兩人百歲乘除。亦決非齒相若者。倘夫婦一五十一。一四十九。合成百歲。此何足異而見諸歌詞以爲美譚耶。此詞不見於宋四卷本。四卷本所收詞。截至慶元庚申先生六十一歲爲止。考證詳下詞或作於六十二三歲。夫人年方三十七八。故乘除成百歲。夫髭已白而婦顏尚朱也。四卷本固無六十二歲以後詞然六十一歲以前詞四卷本並未盡收故此詞並不足爲先生夫婦年齒之實證但懸此說去事實亦當不遠耳

九子之名及次第。依舊譜所引鉛山譜。惟頗疑早殤之穲。宜爲長子。蓋八子名皆從禾。若屬中子或末子則

不當獨異。疑自稙以下皆先生自號稼軒後所產。命名與名軒同意。𨱇則在前也。遺詩有哭𨱇十五章。玩文知作於帶湖稼軒新居中。首句云『方看竹馬戲』。而篇中無一語涉及有兄姊。且哀悼特甚。當爲中年以後得子而殤之。殊感。𨱇字頗僻。若以產於贛州取義。則先生踪跡在贛者。惟淳熙乙未年。先生年三十六歲。下推至入居帶湖新第之年（乙巳丙午間）正𨱇戲竹馬時也。果爾則先生結婚或在三十四五間。而夫人年十七八。而𨱇實爲首舉之子。則與朱顏白髭百歲乘除語亦合矣。集中有清平樂爲兒鐵柱作一首。不知在八子中爲誰。詞中有『斷了驚驚怕怕』『無災無難』等語。當是𨱇殤後乃生者。

高宗紹興十年庚申先生生

〔舊譜〕先生生於是年五月十一日卯時。

〔考證〕舊譜本鉛山譜。以史傳及本集證之。信也。本傳記先生以紹興三十二年歸宋。時年二十三。依此上推。當生於紹興十年庚申。本集臨江仙壬戌歲生日書懷首句云『六十三年無限事』。壬戌爲嘉泰二年。公年六十三。依此上推。恰生於紹興庚申。

吾舊作稼軒詞繫年考略時。未覩舊譜。略推定先生生日在端節稍後。所根據之資料。則喜遷鶯謝趙晉臣賦芙蓉見壽詞有『暑風涼月』及『千盃翻飲露荷翻葉』語。知當在夏令。水龍吟題注云『南澗用韻爲僕壽。僕與公生日相去一日』有『玉皇殿閣微涼』『對桐陰滿庭淸晝』等語。亦皆盛夏景物。韓南澗壽公詞（朱刻南澗詩餘第十六葉）有『南風五月江波』『正菖蒲葉老芙蕖香嫩』等語。知當在五月上中澣也。今見舊譜。竊喜所推不謬。亦足證濟南鉛山兩譜之可信。

十一年辛酉二歲

十二年壬戌三歲

十三年癸亥四歲

十四年甲子五歲

十五年乙丑六歲

十六年丙寅七歲

〔考證〕集中聲聲慢賦紅木犀題注云。『余兒時嘗入京師禁中凝碧池。因書當時所見。』案世系譜先生大父仕金。堂知開封府。殆隨任在官署。故得入故都禁中也。其年無考。姑附於此。

十七年丁卯八歲

十八年戊辰九歲

十九年己巳十歲

〔舊譜〕先生十歲師於蔡伯堅。與黨懷英同學。號辛黨。

〔考證〕此錄宋史本傳文也。然史只言『少師蔡……』未嘗確指何年。遥以繫諸十歲。未免武斷。又本傳所記。實取材於劉祁歸潛志。祁但言二人少同舍。不言所師。辛籍濟南。黨籍泰安。十歲時同舍。理所合有。伯堅顯宦於京朝。童子斷不能就學也。歷代詩餘詞話引本傳云。『蔡光陷北。辛棄疾以所業謁之。蔡曰。詩則未也。它日當以詞顯。』（所謂本傳不知何指。辛傳無此語。蔡光名不見金史。想有誤。張宗橚詞林紀事引陳子宏語略同。最初出何書待考。）宋史似誤合此二事爲一。

蔡光恐非即蔡松年(伯堅)先生曾否從松年遊，尙屬疑問也。

二十年庚午十一歲

二十一年辛未十二歲

二十二年壬申十三歲

二十三年癸酉十四歲

〔舊譜〕先生年十四領鄉舉。按先生進美芹十論劄子云，『兩隨計吏抵燕山觀形勢。』蓋由此也。

〔考證〕十四領鄉舉不見史傳，此或是據鉛山譜，當可信也。若先生曾從蔡松年遊，則當在本年以後。

二十四年甲戌十五歲

二十五年乙亥十六歲

二十六年丙子十七歲

二十七年丁丑十八歲

二十八年戊寅十九歲

二十九年己卯二十歲

三十年庚辰二十一歲

三十一年辛巳二十二歲

是年金主亮死。中原豪傑並起。先生聚衆二千，隸耿京。京有衆二十五萬，稱天平節度使節制山東河北忠義軍馬。先生爲掌書記勸京決策南向。

〔考證〕右節錄本傳文。中記殺僧義端事省不錄當參觀原文 先生自聚衆二千及京有兵二十五萬。則據進美芹十論箚子也。遺詩鵝湖夜坐云『昔者戍南鄭泰山鬱蒼蒼鐵衣臥枕戈睡覺身滿霜官雖備幕府氣實先顏行……時時登高望指顧無咸陽』皆追述本年事。知先生雖掌書記仍自有部曲其屯戍地則南鄭也。

三十二年壬午二十三歲

〔本傳〕京令棄疾奉表歸宋。高宗勞師建康。召見嘉納之。授承務郎。天平節度掌書記。並以節使印告召京。會張安國邵進已殺京降金。棄疾還至海州與衆謀曰『我緣主帥來歸朝。不期事變何以復命』乃約統制王世隆及忠義人馬全福等徑趨金營安國方與金將酣飲即衆中縛之以歸金將追之不及獻俘行在斬安國於市。仍授前官改差江陰簽判。棄疾時年二十三。

〔考證〕先生奉表歸朝在是年正月。耿京遇害在閏二月。先生獻俘行在月日無考。計當在春夏之交也。先生之南當非孑身歸潛志稱其率數千騎南渡本集鷓鴣天詞亦云『壯歲旌旗擁萬夫錦襜突騎渡江初』則所率義軍當不少歸後授文吏冷職。其所統軍當是解散。故鵝湖夜坐詩云『一朝去軍中十載客路傍』也。進美芹十論箚子言『議和後投閒蹂躪所喪酷於苻離之敗』先生此時內負初心外懲部曲其失意可想也。

孝宗隆興元年癸未二十四歲

在江陰僉判任。

〔編年文〕請練民兵守淮疏。

〔考證〕辛輯稼軒集鈔存得文三十一首其錄自永樂大典者二十八首。中有記年月者分編入各年。此其最初之一篇也其不記年而可推攷者則亦考定編入。

二年甲申二十五歲

在江陰僉判任。

乾道元年乙酉二十六歲

在江陰僉判任。

〔編年文〕美芹十論及進論箚子。

〔考證〕美芹十論。本傳謂乾道六年作。永樂大典本於論題冠以乾道乙酉。想有所本。案論文多是和議初成時極言和之不可恃。自當屬乙酉作。論中有『官閑心定』語。亦與歸國後數年久滯江陰冷曹情事相合。

二年丙戌二十七歲

在江陰僉判任。(？)

三年丁亥二十八歲

在江陰僉判任。(？)

〔考證〕舊制任官三年考滿率有遷免先生此兩年是否仍留江陰任無可考據宋人諸說部書先生似有一時期失職流落金陵但無稿據姑記此以俟再考

四年戊子二十九歲

〔本傳〕乾道四年通判建康府

〔考證〕宋詩百一鈔有周孚送辛稼軒一首中有『一飢相迫又離羣』語有『只今參佐須新楚何日公卿屬范雲』語似是送其倅建康之作要之先生初南歸數年間飢驅而勉就吏職落拓可想也

五年己丑三十歲

在建康通判任

〔編年詞〕集中詞確知爲建康作者凡九首（建康以前詞無可稿指者）先生曾兩度官建康一爲右兩年之任通判一爲乾道九年淳熙元年之任江東安撫司參議諸詞某首作於某年難悉考姑就可推見者略區分之其絕對無考者則彙附淳熙元年末

水龍吟　登建康賞心亭　『水天千里清秋……』（卷五葉一凡編年詞所記卷葉數皆指王氏四印齋翻元大德本）

〔考證〕此詞年月絕無考惟詞中『落日樓頭斷鴻聲裏江南游子把吳鈎看了闌干拍徧無人會登臨意』及『倩何人喚取盈盈翠袖搵英雄淚』等語確是滿腹經綸在羈旅落拓或下僚沈滯中勃鬱一吐情狀當爲先生詞傳世者之最初一首故以冠編年

念奴嬌　登建康賞心亭呈史留守致道　『我來弔古上危樓……』（卷二葉一）

滿江紅　建康史帥致道席上賦　『鵬翼垂空……』卷四葉一

千秋歲　金陵壽史帥致道　『塞垣秋草……』卷七葉八

〔考證〕續通鑑乾道三年九月以知建康府史正志兼沿江水軍制置使．史留守致道當即此人．蓋先生倅建康時第一任長官．

八聲甘州　壽建康帥胡長文給事　『把江山好處付公來……』卷六葉一

〔考證〕長文名及到任年待考．然先生二次官建康乃入葉衡幕府．則胡之作帥．蓋繼史任．宜在乾道四五年間．

〔編年詞略例附說〕全集詞題中記某年作者僅十九首．詞句中可證明爲某年作者亦僅(二十餘)首．但先生歷年宦跡及家居年分略可考定．其中當然有有疑問者但上下亦不過一兩年間故題中句中地名．多足爲編年之助．在某地所與往還唱和之人．分別部居亦十得五六．故人名又可爲編年之助．又宋四卷本之稼軒詞甲乙丙丁集．雖非純粹編年．然甲集爲先生門人范開手編．有淳熙戊申(十五年)元日自序．則所收諸作．斷無在丁未除夕以後者可知．乙丙丁集編成年月雖無考．然以吾鈎稽所得．則乙集無帥閩以後作．丙丁集無帥越以後作．幾可認爲絕對的原則．甲乙集時代頗分明丙丁集則通各時代皆有略以此本畫出一時代的粗線．然後將各時代游宦或家居時之地與人互相證勘．其年分明碻者．隸於本年．不甚明碻者則總載或附錄於某地宦跡之末一年．例如前列五首不能碻指爲戊子作或己丑作但知其決不出此兩年間故以列諸己丑則雖不敢謂爲正確之編年．然失之亦不遠矣．卷中編年詞所采方法略如右．故發其凡於此．

六年庚寅三十一歲

〔本傳〕孝宗召對延和殿。時虞允文當國。帝銳意恢復。棄疾因論南北形勢及三國晉漢人才。持論勁直。不爲迎合。作九議及應問三篇美芹十論獻于朝。言逆順之理。消長之勢。技之長短。地之要害甚備。以講和方定議不行。遷司農主簿。

〔編年文〕九議。（又應問三篇已佚）

〔考證〕細讀美芹十論及九議。知兩文決非作於一時。舊譜謂皆乾道元年作。非也。本傳謂皆本年作。亦非也。十論作於元年乙酉。永樂大典本有明文。想所據爲文集原本。更無可議。九議大典本不著年分。當從傳文定爲本年作。篇中有『朝廷規恢遠略已三年矣』之語。蓋自丁亥戊子以來。已漸覺和議不可恃。有備戰之意。美芹十論若作於是年。是爲無的放矢。九議之立論。則全以備戰爲前提。而反言戰之不可輕發。故知其必作於是年也。篇中有『欲乞丞相稍去簿書細務爲數十日之閒。舒寫胸臆。延訪豪傑』語。知其書當爲上虞允文。非奏議也。應問三篇。或是答允文咨訪。惜已佚不可考矣。傳文『以講和方定議不行』云云。亦是誤將美芹十論時事併爲一談。上九議時。和局久定。而戰論方張。先生又非主立時開戰者。無所謂行不行也。議中頗注重理財。遷司農主簿。殆有嚮用之意。

〔編年詞〕念奴嬌　西湖和人韵　『晚風吹雨……』（卷二葉二）

滿江紅　冷泉亭　『直節堂堂……』（卷四葉六）

前調　再用前韵　『照影溪梅……』（同上）

〔考證〕集中在臨安所作詞極少。惟此兩首及觀潮上葉丞相一首耳。並見甲集中。知爲早年作。觀潮當作於淳熙元年。此兩首年分無考。考先生自本年起直至次年夏秋間似皆在臨安供職司農主簿。（考證詳次年）其一生在臨安當以此次爲最久。故姑以臨安作品無年月者繫於本年。（『照影溪梅』一闋因和冷泉亭韻知爲同時作）

七年辛卯三十三歲

〔本傳〕出知滁州。州罹兵燼。井邑凋殘。棄疾寬征薄賦。招流散。敎民兵。議屯田。乃剏奠枕樓繁雄館。

〔考證〕傳以遷司農主簿出知滁州連文。舊譜遂並以繫諸乾道六年。不知主簿乃實職。非如館職之可帶銜外任。不容同時並任此兩職也。跋太祖皇帝賜王嵒帖作於乾道八年十一月。中有『臣守滁之十月僭知淳以帖來獻』語。若獻與跋同時。則是八年正二月間始作官。即稍後數月乃跋。則到官早在亦不過七年秋冬間耳。此跋恭題天章十分鄭重。若六年已出守。受獻後經歲乃跋。不應如此怠慢。故假定先生在滁滿兩年。辛卯到官。癸巳去職。當無大過。（周孚蠹齋鉛刀編寄辛滁州詩『江皋追送僅逾旬。節物俄驚一度新。西澗潮生還値雨。南山雪盡更逢春』可證先生赴滁任在臘月中旬。其年則當爲七年辛卯也）

在滁州任。

八年壬辰三十二歲

〔編年文〕跋太祖皇帝賜王嵒帖。

〔考證〕篇末備書年月結銜。文云『乾道八年十一月十日右宣義郎權發遣滁州軍州主管學士兼管內勸農營田屯田事臣辛棄疾拜手稽首謹書』

〔編年詞〕感皇恩　滁州送范倅　『春事到清明……』卷七葉十三

木蘭花慢　滁州送范倅　『老來情味減』卷四葉十四

〔考證〕范倅名字無考。集中別有壽范南伯西江月一首。中有『奠枕樓頭風月』語。似與先生在滁州有往還者。初疑卽此人。然集中尚有與南伯關涉之作。細參又不甚合。姑懸以俟考。

九年癸巳三十四歲

〔本傳〕辟江東安撫司參議官。留守葉衡雅重之。

〔考證〕葉衡作留守年無考。然衡次年六月卽入相。先生去年十一月猶在滁任。則辟參議必在本年無疑。

〔編年詞〕一剪梅　遊蔣山呈葉丞相　『獨立蒼茫去不歸……』卷七葉十六

菩薩蠻　金陵賞心亭爲葉丞相賦　『青山欲共高人語……』卷十一葉一

〔考證〕是年葉衡未爲丞相。然過此以往。先生似無與葉在金陵游宴之機會。則兩詞必爲本年或次年所作。「丞相」之稱。或後此編集者追題耳。

太常引　建康中秋夜爲呂潛叔賦　『一輪秋影轉金波……』卷十二葉三

〔考證〕此詞作年絕無可考。然自淳熙元年(卽次年)以後。先生似二十餘年蹤跡不到建康。故姑以附建康諸詞之末。

聲聲慢　滁州旅次登奠枕樓作和李清宇韵　『征埃成陣……』卷五葉十六

〔考證〕詞題云「旅次」。則決非守滁時作。奠枕樓爲先生手剏。則決非守滁以前作。詞云『行客相逢都道幻出層樓』是樓初成後一二年間語）淳熙元年以後。先生足跡無緣履滁州。則此詞必為在葉衡幕府時作。非本年即次年也。

淳熙元年甲午三十五歲

〔本傳〕（葉）衡入相。力薦棄疾慷慨有大略。召見。遷倉部郎官。

〔考證〕舊譜云『是歲十一月葉衡為右丞相兼樞密使。薦先生。』案衡轉右丞相雖在十一月。其授參知政事則在六月。集中有觀潮上葉丞相詞。觀潮例在八月。疑先生被薦當在六七月間。其上半年則仍在江東安撫司參議任也。

〔編年詞〕摸魚兒　觀潮上葉丞相　『望飛來半空鷗鷺……』（卷五葉七八）

洞仙歌　壽葉丞相　『江頭父老』（卷六葉十）

二年乙未三十六歲

〔本傳〕提點江西刑獄。平劇盜賴文政有功。加祕閣修撰。調京西轉運判官。

〔考證〕案史文是年四月茶寇賴文政起湖北。轉入湖南江西。官軍數敗。六月先生以倉部郎中出為江西提刑。節制諸軍討之。九月誘殺文政。茶寇平。據此則本年上半年先生仍服官行在所。六月以後則在江西治軍。其調京漕應在本年冬。周孚蠹齋鉛刀編聞辛幼安移漕京西詩云『孤鴻茫茫暮天闊。問君章貢何時發』。據此。當是平寇後即由贛州奉調西上。

〔編年文〕淳熙乙未登對劄子

〔考證〕此劄專論推廣會子辦法篇中舉江陰軍建康府兩地價格為例。皆先生久游宦之地。當是在倉郎任未出任江西軍事前所上。

〔編年詞〕滿江紅　贛州席上呈太守陳季陵侍郎『落日蒼茫……』卷四葉三。

〔考證〕先生雖家居江西且屢次官於江西。然計其南至贛州之時蓋甚少。據周信道浮詩句『問君章貢何時發』見前則移漕京西前在章貢可知。此詞當卽其時所作。

菩薩蠻　書江西造口壁　『鬱孤臺下淸江水……』卷十一葉一

〔考證〕大淸一統志『鬱孤臺在贛州府治西南』。鶴林玉露云『南渡之初。金人追隆祐太后御舟至造口不及而還』此詞蓋感興前事。故沈痛乃爾。先生踪跡惟本年曾到贛州。此詞應是本年作。

滿江紅　賀王帥宣子平湖南寇　『笳鼓歸來……』卷四葉三

〔考證〕本詞作年及宣子事蹟皆未詳。惟後此湖湘盜起時。先生已帥彼土。此所云湖南寇。或卽茶寇賴文政。先生用兵江西。而王正帥湘與相犄角。故推功歸之耶。姑存一說俟再考。

祝英臺近　晚春　『寶釵分桃葉渡……』

〔考證〕張端義貴耳集云『呂婆呂正己之妻。正己爲京畿漕吏。有女事辛幼安。因以微事觸其怒。竟逐之。今稼軒桃葉渡詞因此而作』案此說若可信。則事當在先生任京漕時。卽本年或明年春也。然宋人說部。最喜肊造典故。未可遽認爲事實。姑存異聞可耳。

三年丙申三十七歲

〔本傳〕差知江陵府兼湖北安撫。

〔考證〕鷺湖夜坐詩云『去年忝號召，五月觸瞿唐』，似赴江陵任在夏季，其年則本年也。

〔編年詞〕蝶戀花　和趙景明知縣韵　『老去怕尋年少伴……』

〔考證〕乙集本此詞題爲『和江陵趙宰』，則當時景明所知者江陵縣也，集中江陵作僅見此首。

四年丁酉三十八歲

〔本傳〕遷知隆興府兼江西安撫，以大理少卿召。

〔考證〕滿江紅詞題云『淳熙丁酉自江陵移帥隆興，到官之三月被召』，鷺湖夜坐詩云『今年詔復下，鴻雁初南翔』，則由江陵移隆興（南昌）當在本年初秋。

〔編年詩〕鷺湖夜坐

〔考證〕此詩爲先生自述中年以前經歷，集中僅見之佳史料也。前半言在天平節度使掌書記（耿京幕中）時事，原文已引見辛巳年條下。中云『一朝去軍中，十載客道傍，看花身落魄，對酒色淒涼』，蓋南歸後十餘年碌碌作風塵小吏，且常以北人爲南人所忌（九議中頗述及此況），除中間知滁州兩年稍有設施外，眞有飢寒客路傍之感，其漸見嚮用，實自平江西盜立功之後。詩云『去年忝號召，五月觸瞿唐，青衫暗欲盡，入對哀淚滂』，知赴江陵帥任前尚有入對之事，本傳失載也。又云『今年詔復下，鴻雁初南翔，俯仰未閱歲，上恩實非常』，卽本傳所記隆興帥任上以大理少卿召之事，蓋由南昌經信饒衢嚴赴杭，路出鷺湖也。又云『夜宿鷺湖寺，槁葉投客牀，寒燈照不寐，撫枕慨以慷』，則時在冬令也。

〔編年詞〕水調歌頭　淳熙丁酉自江陵移帥隆興，到官之三月被召，司馬監趙卿王漕餞別，司馬賦水調歌

頭席間次韻『我飲不須勸……』（卷三葉二）

〔考證〕篇中有『別離亦復何恨此別恨匆匆』語。蓋到任甫三月（甲集本作二月舊譜同）即言別。洵太匆匆也。趙王名字無考。司馬字漢章。名亦無考。

鷓鴣天　離豫章別司馬漢章大監　『聚散匆匆不偶然……』（卷一葉一九）

〔考證〕此與前詞同時作。漢章即前題之司馬監也。故亦用『聚散匆匆』語。篇中有『二年歷徧楚山川』句。蓋去年方由京西漕赴江陵帥湖北。今年復移帥江西。誠徧歷春秋時楚境矣。又云『明朝放我東歸去』似先生時已僑居信州。故言東歸。（舊譜以鷓鴣天詞編入戊申年殊誤同一司馬監不應隔十一年仍留前任也）

滿江紅　席間和洪景盧舍人兼簡司馬漢章大監　『天與文章……』（卷四葉七）

〔考證〕景盧名邁。謚文敏。皓子。适弟。鄱陽人。席間有現任大監之司馬漢章。知必在先生帥隆興之三箇月中。但比餞別兩首稍在前耳。

滿庭芳　和洪丞相景伯韻　『傾國無媒……』（卷六葉五）

又　和洪丞相韻呈景盧內翰　『急管哀絃……』（卷六葉六）

又　游豫章東湖再用韻　『柳外尋春……』（同上）

〔考證〕景伯名适。謚文惠。景盧之兄也。右三詞決爲本年所作。蓋其時景盧在豫章。已有滿江紅詞題可證。（四朝聞見錄云『洪邁歸鄱陽日與兄丞相适酬倡觴詠於林壑』蓋二洪告歸後常相合并）而景伯卒於淳熙十一年甲辰二月。雖距本年尚有七年。然先生自本年冬離江西赴行在。即轉任湖北湖南。乙巳冬乃得歸。而景伯已前卒。故除本年以外。更無與景伯酬倡之機會也。

菩薩蠻 『稼軒日向兒曹說……』信州本缺據甲集

〔考證〕本詞次句云『帶湖買得新風月』先生帶湖買宅其年雖難確指參伍鉤稽應以本年爲最近是。先生南歸後十餘年間何時始占籍定居殊屬疑問——鷺湖夜坐詩云『十載客路傍』見前引沁園春期思卜築詞云『老鶴高飛一枝投宿長笑蝸牛戴屋行』卷二葉十四新居上梁文云『欲得置錐之地遂營環堵之宮』辛稼集鈔卷三葉五所謂新居者卽帶湖新居也則前此「無置錐地」「客路傍」如「蝸牛戴屋行」或是實情疑其結婚頗晚中年以前家族簡單卽以官爲家其在信饒之間或賃廡而居或有族屬僑寄。其從弟祐之居浮梁雖署稼軒實同萍梗其始獲定栖實自帶湖新居落成以後此新居蓋成於淳熙九十年間時先生方久宦湖南然其相宅定居必在出宦兩湖以前舍本年外似無他時期也。謂在乙未年亦得然彼年正平盜戎馬倥偬恐無暇及此本年冬間應召赴闕在信饒蓋頗有盤桓買得帶湖或卽此時也。

破陣子 爲范南伯壽 『擲地劉郎玉斗……』卷八葉四

〔考證〕詞題云『時南伯爲張南軒辟宰盧溪南伯遲遲未行因作此詞以勉之』考南軒自淳熙二年至四年皆在廣西經略任此詞當作於此數年中。

西江月 壽范南伯知縣 『秀骨青松不老……』卷十葉八

蝶戀花 繼楊濟翁韵餞范南伯知縣歸京口 『淚眼送君傾似雨……』卷八葉十一

〔考證〕贈送范南伯詞彙附於此南伯似是當時上饒縣知縣也後此一兩年間多與楊濟翁倡和之作則

蝶戀花或竟是作於本年。

賀新郎　賦滕王閣　『高閣臨江渚……』（卷一葉八）

〔考證〕此詞之作非本年則淳熙十三年丙午也。姑附於此。

五年戊戌三十九歲

〔本傳〕出爲湖北轉運副使。

〔編年詞〕滿江紅　江行簡楊濟翁周顯先（甲集本作和楊濟翁韻）　『過眼溪山……』（卷四葉四）

〔考證〕篇中有『笑塵勞三十九年非。長爲客』語。知當作於是年。周顯先名籍待考。楊濟翁名炎正。吉水人。慶元二年進士。官至安撫使。（見江西詩徵小傳）二人似是當時在先生幕府相隨同行者。

水調歌頭　舟次揚州和楊濟翁周顯先韻　『落日塞塵起……』（卷三葉一）

〔考證〕楊周同舟。自當與前詞爲同時先後作。

西江月　江行采石岸戲作漁父詞　『千丈懸崖削翠……』（卷十葉八）

〔考證〕此詞雖絕無爲本年作品之實據。但先生是年似由臨安經建康泝江赴任武昌。途中吟詠頗多。故附於此。

蝶戀花　和楊濟翁韻　『點檢笙歌多釀酒……』（卷八葉十三）

又　席上贈楊濟翁侍兒　『小小年華才月半……』（同上）

〔考證〕右兩首無從定爲本年作。但俱見甲集。作時當不晚。姑彙次於此濟翁唱酬諸篇之後。

〔編年詩〕和周顯先韵二首

〔考證〕第二首云『怒濤千里破空飛。洗盡青衫輩路泥。更惜秋風一帆足。南樓只在遠山西。』蓋江行舟中唱和詩也。玩「南樓」語。或是次年由湖北移漕湖南時作。故於武昌之南樓示眷戀。今姑以附楊周唱和諸詞之後。

六年己亥四十歲

〔本傳〕爲湖北轉運副使。改湖南。尋知潭州。兼湖南安撫。盜連起湖湘。棄疾悉討平之。遂奏疏……（論盜賊）。詔獎諭之。

〔考證〕知移漕及帥潭同在本年者。移漕年月有摸魚兒詞題爲證。甚明。詳下帥潭年月。據朝野雜記言淳熙七年春有人疏論湖南鄉社。下安撫司議。帥臣辛某覆奏云云。則帥潭必在六年可知。殆因盜勢猖獗。朝廷不得不用將才也。

〔編年文〕淳熙己亥論盜賊劄子。

〔考證〕劄子本傳節錄概要。永樂大典有全文。玩文知是在安撫任內所上。大典本既明著『淳熙己亥』。則先生在轉運任非久便改潭帥。益有明證矣。

〔編年詞〕水調歌頭　淳熙己亥自湖北漕移湖南。周總領王漕趙守置酒南樓。席上留別　『折盡武昌柳……』卷三葉一

〔考證〕詞云『折盡武昌柳。挂席上瀟湘。二年魚鳥江上。笑我往來忙。』蓋去年甫抵湖北任。今年遽遷。故

曰二年往來忙也。

摸魚兒　淳熙己亥自湖北漕移湖南。同官王正之置酒小山亭。爲賦。『更能消幾番風雨……』卷五葉七

〔考證〕王正之蓋前題之王漕。似卽接先生任者。故曰同官。集中與正之唱和詞凡三首。尙有一首爲水調歌頭和王正之右司吳江觀雪見寄（卷三葉五）想又在此次別後矣。並附見於此。

羅大經鶴林玉露跋此詞云『詞意殊怨。斜陽烟柳之句。此之未須愁日暮天際有輕陰者異矣。在漢唐時。寧不賈種豆種桃之禍。聞壽皇見此詞頗不悅。然終不加以罪。可謂盛德』案宋人說部好傅會。此段卻似可信。孝宗（壽皇）好文詞。且具賞鑒力。觀其改俞國寶之風入松（見武林舊事）評趙彥端之謁金門（見貴耳集）可見。則其愛讀此詞。讀而不悅。亦意中事。詞意誠近怨望——『長門事。準擬佳期又誤。蛾眉曾有人妒。千金縱買相如賦。脈脈此情誰訴』語幾露骨矣。先生兩年來由江陵帥隆興帥轉任漕司。雖非左遷。然先生本功名之士。惟專閫庶足展其驥足。錄錄錢穀。當非所樂。此次去湖北任。謂當有新除。然仍移漕湖南。殊乖本望。故曰『準擬佳期又誤』也。本年論盜賊劄子有云『臣孤危一身久矣。荷陛下保全。事有可危。殺身不顧』又云『生平剛拙自信。年來不爲衆人所容。恐言未脫口而禍不旋踵』則『蛾眉曾有人妒』亦是實情。蓋歸正北人。驟躋通顯。已不爲南士所喜。而先生以磊落英多之姿。好譚天下大略。又遇事負責任。與南朝士夫泄沓柔靡風習。尤不相容。前此兩任帥府。皆不能久於其任。或卽緣此。詩可以怨。怨固宜矣。然移漕未久。旋卽帥潭。且在職六七年。譖言屢聞。而天眷不替。豈壽皇讀此詞後。感其樸忠。憫其孤危。特加賞拔調護耶。因讀鶴林玉露。輒廣其意如右。

〔又〕此詞作於晚春。移漕當屬此時。帥潭蓋卽在夏秋間。

〔又〕謝疊山注唐絕句選云（簡譜引）『辛稼軒中年被劾。凡一十六年。不堪讒誣。遂賦摸魚兒云云。』案先生被劾之多。當在湖南江西帥任中。賦此詞時猶未也。疊山殆追述而未詳考耳。

七年庚子四十一歲。

在湖南帥任。

〔考證〕李心傳建炎以來朝野雜記（卷十八）云『湖南鄉社者。舊有之。領於鄉之豪酋。……淳熙七年春。言者奏鄉社之擾。請盡罷之。事下安撫司。帥臣辛幼安言鄉社皆雜處深山窮谷中。其間忠實狡詐。色色有之。不可一切盡罷。今欲擇其首領。使大者不過五十家。小者減半。屬之巡尉。而統之縣令。所有兵器。官爲印押。上從之。』案此爲先生整頓湖南軍實之第一步。先從鄉兵着手。亦因有人建言。因勢利導也。

〔編年文〕請剏立湖南飛虎軍疏。

〔考證〕此疏永樂大典本失載。本傳節其概略。而未著其作年。舊譜以隸本年。蓋近是。先生本將才。所至以整頓軍政爲務。初到任之一年。旣芟削羣盜。且疏陳整飭吏治以淸盜源。次年卽着手治軍。爲長治久安之計宜也。本傳云『乃復奏疏曰「軍政之敝。統率不一。差出占破。略無已時。軍人則利於優閑窠坐。奔走公門。苟圖衣食。以故教閱廢弛。逃亡者不追。冒名者不舉。平居則姦民無所忌憚。緩急則卒伍不堪征行。至調大軍。千里討捕。勝負未決。傷威損重。爲害非細。乞依「廣東摧鋒」「荆南神勁」「福建左翼」例。別創一軍。以「湖南飛虎」爲名。止撥屬三牙密院。聽帥臣節制調度。庶使夷獠知有軍威。望風懾服。」詔委以規畫。洒度馬殷營壘故基起蓋砦柵。招步軍二千人馬軍五百人。傔人在外。戰馬鐵甲皆備。……時樞府有不樂之者數沮撓之棄疾行愈力卒不能奪。經度費鉅萬計棄疾善斡旋事皆立辦。議者以聚斂聞降御前金字牌俾日下住罷棄疾受而藏之出責監辦者期一月飛虎營柵成違坐軍制。如期落成開陳本末繪圖繳進上遂釋然。……軍成雄鎮一方爲江上諸軍之冠。』案剏成飛虎軍中經幾許波折計當費數年之力其經始合在本年也。

〔又〕朝野雜記卷十八云。『殿前司摧鋒軍者。潭州土軍也。淳熙四年春樞密院言江西南多盜。諸郡廂禁軍單弱乞令兩路帥司各選配隸人置一軍。七年辛幼安爲潭帥使募千八百人訓練之其冬賜名遂隸軍司。』案此與飛虎軍另爲一事本傳失載。

八年辛丑四十二歲

在湖南帥任。

〔考證〕本傳所稱剏飛虎軍爲樞府及言官所扼撓。當在本年及次年。周信道寄辛幼安詩云。『飛鳶跕跕瘴烟中。欲息渠儂技又窮。……危機可畏渾如此。莊語能聽只有公。已識柴車勝朱轂。快來相就北窗風。』(宋百家詩存蠹齋鉛刀編)當時任事艱危情狀可見。信道爲先生髫年舊交相愛特甚故勸其息肩歸隱也。

〔編年文〕祭呂東萊先生文。

〔考證〕東萊卒於是年七月。文云。『緘沈辭於千里。』蓋遣祭也。又云。『當從遊於南軒。蓋於公而敬畏。』又云。『夫何南軒亡而公益廢。』知先生之交東萊蓋因張南軒。南軒先東萊一年卒。度亦必有祭文惜已佚矣。又云『茲物論之共愠，寧有懷於私惠。』知正當論劾沸騰時也。

九年壬寅四十三歲

在湖南帥任。

十年癸卯四十四歲

在湖南帥任。

〔編年文〕新居上梁文。

〔編年詞〕沁園春　帶湖新居將成　『三徑初成……』卷二葉十二

〔考證〕右一文一詞，蓋皆作於本年或本年以前。詞云『鶴怨猿驚，稼軒未來。』又云『沈吟久，怕君恩未許，此意徘徊。』可知時正服官在外，欲歸未得。又云『秋江上，看驚弦雁避，駭浪船回。』亦可見謠諑正盛，亟欲潔身而去也。上梁文云『人生直合在長沙，欲擊單于老無力。』可知時正帥湖南。又云『伏願上梁之後，早收塵跡，自樂餘年。』急流求退，與詞意正同。但先生在湖南任似尚有年餘，知其必作於本年以前者，洪景伯适題稼軒詩見盤洲集卷八有『卜築山城樂事重』『高牙暫借藩維重，燕寢未須歸興濃』等句，碻是先生在帥任未歸時題其新居之作。景伯之卒在淳熙十一年（卽次年）二月，據錢竹汀洪文惠年譜 則其詩必作於淳熙十年以前，而帶湖之居亦必落成於是年以前可知也。舊譜以上梁文列慶元二年丙辰條下，大誤。蓋誤以「期思卜築」當帶湖新居也。丙辰年先生家居已久，安得有『伏願早收塵跡』等語。

〔又〕先生以稼軒名其居蓋已舊。及帶湖新居成，仍襲此名。故洪文惠詩題曰題辛幼安稼軒。大清一統志卷一九二云『稼軒在上饒縣北宋辛棄疾所居因以自號』又引洪邁記云『稼軒在郡治之北可十里東岡西阜北墅南麓以青徑款竹扉錦路行海棠集山有樓婆娑有室信步有亭滌硯有渚皆約略位置』今考集中文句則此諸勝外尚有雪樓有篆岡陳同甫與先生書云『如聞作室甚宏麗傳到上梁文可想而知也見元晦說潛入去看以爲耳目所未曾覩此老言必不妄』據洪陳兩文略可見新居規模又遺詩中有御賜閣額二首想亦寵題新第也

〔又〕康熙上饒縣志引信乘續輯尚有洪邁記文之一節文云『國家行在武林廣信最密邇畿輔東舟西居蠭午旁出處勢便近士大夫樂寄焉環城中外買宅且數百基局不能寬亦曰避燥濕寒暑而已郡治之北可十里所故有曠土存三面傅城前枕澄湖如寶帶其縱千有二百三十尺其衡八百有三十尺截然砥平可廬以居』案此段當與一統志所引同屬一篇惜洪集已佚無由睹其全文然當時信州流寓之輻輳與夫帶湖之位置幅員形勝皆歷歷可見誠考證帶湖新居最重要之資料也上饒志又云『帶湖書院在縣治北靈山門外宋淳熙間辛稼軒讀書處』此蓋先生沒後後人因其故居建書院作紀念今並附述於此

沁園春　從趙景明知縣東歸再用前韵『佇立瀟湘……』卷二葉十二

〔考證〕此詞用新居將成詞韵知是同時作有『佇立瀟湘』語可證與前詞皆作於湖南

十一年甲辰四十五歲

由湖南移帥江西〔本傳〕加原作嘉疑誤右文殿修撰差知隆興府兼江西安撫時江右大饑詔任責荒政始至榜

通衢曰。『閉糴者配。强糴（原作糶誤）者斬。』次令盡出公家官錢銀器。召官吏儒生商賈市民各舉有幹實者量借錢物。逮其責領運糴。不取子錢。期終月至城下發糶。於是連檣而至。其直自減。民賴以濟……』帝嘉之。進一秩。

〔考證〕本傳未言移帥江西在何年。知必在本年者。朝野雜記於「殿前司摧鋒軍」條下（全文引見前淳熙七年）稱『淳熙七年辛幼安爲潭帥。募八千人訓練之。其冬賜名。十年夏改隸御前江陵軍。明年趙衞公爲帥。奏乞移其軍屯江陵。……』可知先生以十一年罷潭帥。其來代者則趙衞公也。惟交代在何月則無可考耳。計先生自淳熙六年春夏間由湖南漕使轉任帥職。至是已滿五年。生平所歷官以此次爲最久。任而被謗亦最重。謝疊山所謂『中年被劾一十六章』者。什九當在此時期。先生有別湖南部曲詩云。『愧我明珠成薏苡。負君赤手縛於菟。』似仍屬以讒罷職。殆孝宗鑒其孤忠。特量移他路。以塞言者之口耳。

〔編年詞〕甲辰歲壽韓南澗尚書　『渡江天馬南來……』（卷五葉一）

〔考證〕南澗名元吉。字无咎。維曾孫。開封人。徙居上饒。先生家居時相與唱和最多。此爲集中贈韓詞最初之一首。末句云。『待他年整頓乾坤事了。爲先生壽。』可見先生是時功名心仍甚盛。又可見此詞乃遥寄爲壽者。尚未獲與南澗合幷也。南澗壽辰在五月。先生時仍在湖南任。抑已移江西。不可考。

〔附湖南帥任上所作詞不能確指年分者〕

減字木蘭花　長沙道中壁上有婦人題字若有恨者用其意爲賦『盈盈淚眼……』（卷十一葉十八）

阮郎歸　耒陽道中爲張處父推官賦　『山前鐙火欲黃昏……』（卷十二葉十四）

賀新郎　『柳暗淩波路……』（卷一葉九）

〔考證〕篇中有『千里瀟湘蒟蒻漲。人解扁舟欲去』『黃陵祠下山無數。聽湘娥泠泠曲罷。爲誰情苦』等語。知是湘中送行作。

滿江紅　暮春　『可恨東君……』卷四葉二

〔考證〕篇中有『湘浦岸南塘驛』語。知是湘中作。

十二年乙巳四十六歲

在江西帥任。〔本傳〕以言者落職。

〔考證〕本傳不言落職在何年。今略定爲在本年秋冬間。其證斷在左列水龍吟菩薩蠻兩詞——

〔編年詞〕水龍吟　次年南澗用韵爲僕壽。僕與公生日相去一日。再和以壽南澗　『玉皇殿閣微涼……』卷五葉二

〔考證〕題中「次年」二字。蒙甲辰原唱題言。卽乙巳年也。南澗用韵壽先生詞朱刻南澗詩餘云。『南風五月江波。使君莫袖平戎手。燕然未勒。渡瀘聲在。宸衷懷舊』。又云。『便留我賸馥蟠桃。分我作歸來壽』。稱使君知尚在帥任。云留作歸來壽。則尚未歸也。云渡瀘懷舊。則已離荊襄。云江波。則已移鎭江城。先生與南澗生日同在五月。知是年五月先生恰在隆興帥任也。

菩薩蠻　乙巳冬南澗舉似前作用韵和之　『錦書誰寄相思語……』卷十一葉一

〔考證〕此詞信州本只題『用前韵』三字。四卷本乙集全題如右。惟「南澗」作「前間」。實不詞。吾以意校改。自信不謬。果爾。則本年冬先生與南澗已會晤。南澗老矣。是年六十八歲棲隱上饒。細檢南澗甲乙稿及南

澗詩餘。晚年絕無去饒遠遊痕跡。則兩公握手。可推定其必在饒。先生帥江西。饒爲轄境。雖未嘗不可巡閱蒞止。然以他方面資料綜核之。似是年秋冬間先生已落職歸饒。故得晤南澗於帶湖新居也。其旁證則於次年詳論列之。

〔附江西帥任上所作詞不能確指年分者〕

昭君怨　豫章寄張守定叟　『長記瀟湘秋晚……』卷十二葉十五

〔考證〕此詞乃在豫章作而追述湖南舊遊者。作時宜在隆興帥任。先生兩次帥隆興。一在四年丁酉。一卽去年本年間。丁酉未官湖南。則此詞必去年或本年作也。

西河　送錢仲耕自江西漕移守婺州　『西江水……』卷五葉九

〔考證〕篇末云。『過吾廬定有幽人相問。歲晚淵明歸來未。』則先生時尚未歸可知。仲耕由江西漕移官。蓋先生在江西帥任者與同官者。由南昌往婺州必經廣信。故有『過吾廬』語。

十三年丙午　四十七歲

居上饒之帶湖新居。

〔考證〕先生任江西帥及落職年。本傳皆失載。舊譜因沁園春詞題有『戊申奏邸騰報。謂余以病挂冠』語。遂推定罷官在戊申。而移任在丙午。謂帥江西首尾閱三年。殊誤。沁園春詞題之解釋。別詳戊申年條下。茲不先贅。傳文於『落職』下接云『久之主管沖佑觀』。次云『紹熙二年起福建提點刑獄』。若戊申始落職。下距紹熙二年辛亥不過三年。中間復有主管沖佑觀事。爲時應甚近。何得云久。然此猶得曰約指之詞可以通融解釋也。最當注意者則宋四卷本之稼軒詞甲集。爲先生門人范開手編。有自序。明著『淳熙戊申正月元日作。』則其所收詞應以丁未前作爲限。毫無挾疑之餘地。然而甲集中可確斷爲罷官後在帶湖新居所作之詞殆不下數十首。若罷官在戊申。則此諸詞皆無着落矣。竊疑本傳所云『以言者落職』。去年秋冬間。最遲亦不過本年。故今以甲集中帶湖家居諸詞。統題爲丙午丁未間作。彙錄於本年之下。

〔丙午丁未間上饒家居諸詞彙錄〕

鷓鴣天　『翠木千尋上薜蘿……』卷九葉四

〔考證〕篇中云。『東湖經雨又增波』是去豫章時語。又云。『只因買得青山好。却恨歸來白髮多……』是初歸帶湖新居時語。

水調歌頭　盟鷗　『帶湖吾甚愛……』卷三葉三

前調　湯朝美司諫見和用韻爲謝　『白日射金闕……』同上

前調　嚴子文同傅安道和前韻因再和謝之　『寄我五雲字……』同上此首甲集不收惟見乙集或是戊申後追和然乙集亦有丁未前作故併錄於此

〔考證〕右三首爲同時先後作。第一首『先生杖屨無事。一日走千回。』第二首『笑吾廬門掩草徑封苔』第三首『雕弓挂壁無用。』『多病關心藥裏。小摘親鋤菜甲』皆罷官閑居時語。

滿江紅　送湯朝美司諫自便歸金壇　『瘴雨蠻烟……』卷四葉七

〔考證〕南澗甲乙稿卷一亦有送湯朝美還金壇詩。中云。『湯公涉南荒。』『幾年臥新州。』『揭來靈山隈。』上饒志云靈山爲州之鎮山跫然慰虛谷濯足山下泉愛我泉上竹』湯蓋以直諫獲罪曾竄嶺表中間殆量移信州安置。常與韓南澗及先生游宴至是得赦許自便故二公皆有詩送其歸也。

念奴嬌　和韓南澗載酒見過雪樓觀雪　『兔園舊賞……』卷二葉二

〔考證〕吳釐詩云『足音答答來多在雪樓下』知雪樓爲帶湖新宅中之一樓。南澗見過當在本年或次年冬。

水調歌頭　九日遊雲洞和韓南澗尚書韵　『今日復何日……』卷三葉三

前調　再用韵呈南澗　『千古老蟾口……』同上

前調　再用韵答李子永提幹　『君莫賦幽憤……』卷三葉六

〔考證〕右三詞當爲同時作。王象之輿地紀勝信州景物條下云。『雲洞在州南二十餘里。天欲雨則興雲』先生與南澗所遊即此。第二首『笑年來蕉鹿夢。畫蛇盃』是被議落職後語。玩第三首全文。殆李子永贈詞爲先生深抱不平。先生反以達語開解之。故云『君莫賦幽憤。一語試相開』『我愧淵明久矣。猶借此翁湔洗。素壁寫歸來。』又云『買山自種雲樹。山下劚煙萊。百鍊都成繞指。萬事直須稱好。人世幾興臺。』皆達觀中尚帶痛憤也。

水調歌頭　提幹李君索余賦野秀綠繞二詩……『文字覷天巧……』卷三葉八此詞四卷本不收

〔考證〕子永名泳。號蘭澤。廬陵人。嘗爲阮冶司幹官。據江西詩徵小傳案宋史職官志云『提舉阮冶司……在饒者領江東淮浙福建等路……』子永時正任職在饒。故日與辛韓唱和也。

水調歌頭　和信守鄭舜舉蔗菴韻『萬事到白髮……』卷三葉七

滿江紅　送信守鄭舜舉被召　『湖海平生……』卷四葉八

〔考證〕舜舉名籍待考。南澗甲乙稿卷一有題鄭舜舉蔗菴詩云。『吾州富佳山。脩竹連峻嶺。……豈知刺史宅。跬步閟清景。古木盤城隅。石徑幽且迴。……鄭公閑閣暇。獨步昆盧頂。曰此氣象殊。逍遥步方永。……』知蔗庵在官署後靈山高處。舜舉作守時新築也。與地紀勝引上饒志云『靈山爲州之鎮山岡勢迤邐從北來州宅實枕其趾』參以韓詩中「刺史宅」「昆盧頂」諸語略可得蔗庵所在 信守見集中者四人。鄭爲最先。想先生歸信未久便去任。故唱和詞僅兩首也。別有南歌子蔗庵獨坐一詞見乙集蓋舜舉去任後作

滿江紅　遊南巖和范先之韻　『笑拍洪崖……』卷四葉八

〔考證〕太平寰宇記云。南巖在上饒縣南十餘里。巖傍巨石可坐千人。

前調　和范先之雪　『天上飛瓊……』卷四葉九

烏夜啼　山行約范先之不至『江頭醉倒山公……』卷十二葉十五

前調　先之見和復用韻『人言我不如公……』卷十二葉十六

〔考證〕集中與范先之酬唱詞頗多。其見於甲集者則此四首。先之名待考。醉翁操詞此詞當作於紹熙元二年考證詳下序云『先之與余遊八年。日從事詩酒間。』據此知兩人交誼甚篤。且繼續合併時頗長。又凡信州十二卷本之「范先之」。四卷本皆作「范鄭之」。蓋一人而有兩字者。余頗疑其人卽編輯稼軒詞甲集之范開——「開」之與「先」與「鄭」義皆相屬。甲集開自序云。「開」久從公遊。裒集百首。皆親得之於公者。

』亦與醉翁操序語意合也。惟前此在帥任時。絕無與先之往還痕跡。則知所謂從遊八年者實家居時事。其年略當自乙巳丙午間起算也。考證別詳辛亥年條下

新荷葉　和趙德莊韵　『人已歸來……』卷一七葉

前調　再和前韵　『春色如愁……』同上

〔考證〕德莊名彥端。一號介庵。魏王廷美七世孫。晚年亦僑寓信州。故與韓南澗交最篤。南澗嘗贈以詩七首以過去生中作弟兄爲韵。本詞云『人已歸來杜鵑欲勸誰歸。』知是歸田後所作。信州本尚有水調歌頭壽趙漕介庵一首惟不見甲集未知何時作考德莊年歲似較老於先生此作當非甚晚也

水調歌頭　送鄭厚卿赴衡州　『寒食不小住……』卷三八葉

滿江紅　餞鄭衡州厚卿席上再賦　『莫折荼蘼……』卷十四葉

〔考證〕厚卿名籍待考。滿江紅闋云。『還記得青梅如豆。共伊同摘。少日對花渾似夢。……』其人似是先生髫年故交也。水調歌頭闋云。『衡陽石鼓城下。記我舊停驂。襟以瀟湘桂嶺。帶以洞庭青草。紫蓋屹西南。文字起騷雅。刀劍化耕蠶。』知是罷湘帥後作。亦可見先生於治湘政績甚自喜也。信州本尚有送厚卿詞兩首一鷓鴣天鄭守厚卿席上一菩薩蠻送鄭守厚卿赴闕似皆同時作惟甲集皆未收故不以入編年

最高樓　醉中有索四時歌爲賦　『長安道……』卷十六葉四

〔考證〕篇中有『投老倦游歸』語。知是家居時作。

前調　和楊民瞻席上用前韵賦牡丹　『西園買……』同上

滿江紅　和楊民瞻送祐之弟還侍浮梁　『塵土西風……』卷四葉八

生查子　山行寄楊民瞻　『昨宵醉裏行……』卷十二葉十二

前調　民瞻見和再用韵　『誰傾滄海珠……』同上

〔考證〕民瞻名籍待攷。集中與渠唱和詞凡七首。右三首見甲集。餘見丙丁集。尋文知是信州朋舊也。

念奴嬌　賦雨巖效朱希眞體　『近來何處有吾愁……』卷二葉三

摸魚兒　雨巖有石狀甚怪取離騷九歌名曰山鬼因賦摸魚兒改名山鬼謠。『問何年此山來此……』卷五葉八

蝶戀花　月下醉書雨巖石浪『九畹芳菲蘭佩好……』卷八葉十三

〔考證〕雨巖爲上饒附郭名勝。故家居時游詠頗數。

洞仙歌　訪泉於期思得周氏泉爲賦　『飛流萬壑……』卷六葉十

〔考證〕詞云『便此地結吾廬。待學淵明。更手種門前五柳。且歸去父老約重來。問如此青山。定重來否。』

後此期思卜築。機已動於此時矣。

醜奴兒近　博山道中效李易安體　『千峯雲起……』卷六葉九

江神子　博山道中書王氏壁　『一川松竹任橫斜……』卷七葉十

清平樂　博山道中卽事　『柳邊飛鞚……』卷十葉十四

前調　前題　『茅簷低小……』同上

前調　獨宿博山王氏菴　『遶牀飢鼠……』同上

醜奴兒　書博山道中壁　『煙蕪露麥……』卷十一葉八

〔考證〕大清一統志一九二『博山在廣豐縣西南三十餘里。南臨溪流。遠望如廬山之香爐峯。』按廣豐西距上饒界十五里。故先生家居常往來其地。

鷓鴣天　鵞湖道中　『一榻清風殿影涼……』卷九葉三

前調　鵞湖歸病起作　『枕簟溪堂冷欲秋……』同上

〔考證〕輿地紀勝『鵞湖在鉛山縣西南十五里。』集中游鵞湖詞甚多。此二首則見甲集者。

清平樂　檢校山園書所見　『連雲松竹……』卷十葉十五

前調　前題　『斷崖松竹……』同上

〔說明〕右詞三十八首。除兩首外皆見范開所編甲集。可斷爲丁未以前作。各詞皆以詞題或詞句中有人名或地名者爲限。（內間有一二首無之者則必用韻與他首牽連可證者也）其無題或泛泛遊覽之作尚未列入。然卽此已足證戊申前兩三年先生已落職。故家居作品如此之多也。

十四年丁未四十八歲

在上饒家居。

〔編年詞〕慶韓南澗尚書七十『上古八千歲……』卷三葉六

〔考證〕據南澗集南劍道中詩注知南澗生於徽宗重和元年戊戌。其七十壽當在此年。甲辰乙巳間先生與南澗互相慶壽時先生服官在外。郵筒往復而已。此詞云。『從今杖履南澗。白日爲君留。』則同居上饒。朝夕過從矣。

〔丁未以前作年無考諸詞彙錄〕

賀新郎　賦水仙　『雲臥衣裳冷……』卷一葉七

念奴嬌　書東流村壁『野塘花落……』卷二葉一

滿江紅　中秋寄遠　『快上西樓……』卷四葉一

前調　送李正之提刑入蜀　『蜀道登天……』卷四葉七

前調　病中俞山甫教授訪別病起寄之　『曲几團蒲……』卷四葉九

木蘭花慢　席上送張仲固帥興元　『漢中開漢業……』卷四葉十四

聲聲慢　賦紅木樨　『開元盛日……』卷五葉十七

六么令　用陸氏事送玉山令陸德隆侍親東歸吳中　『洒羣花隊……』卷六葉七

前調　再用前韻　『倒冠一笑……』卷六葉八

醜奴兒近　博山道中效李易安體　『千峯雲起……』卷六葉九

江神子　和人韻『賸雲殘日弄陰晴……』卷七葉八

前調　和陳仁和韻　『玉簫聲遠憶驂鸞……』卷七葉九

前調　和人韻　『梅梅柳柳鬥纖穠……』卷七葉十

前調　博山道中書王氏壁『一川松竹任横斜……』同上

青玉案　元夕『東風夜放花千樹……』卷七葉十二

定風波　春日漫興信州本無題此據甲集『少日春懷似酒濃……』卷八葉一

臨江仙　探梅『老去惜花心已懶……』卷八葉五

前調　醉宿崇福寺寄裕之弟『莫向空山吹玉笛……』卷八葉六

前調　再用韵送祐之弟歸浮梁『鍾鼎山林都是夢……』同上

蝶戀花　送祐之弟『衰草斜陽三萬頃……』卷八葉十五

小重山　茉莉『倩得薰風染綠衣……』卷八葉十七

南鄉子　舟中託夢『欹枕艣聲遙……』卷八葉十七

鷓鴣天　代人賦『晚日寒鴉一片愁……』卷九葉二

前調『唱徹陽關淚未乾……』同上

朝中措　醉歸寄祐之弟『籃輿嫋嫋破重岡……』卷十葉十二

前調　前題『綠萍池沼絮飛忙……』同上

前調　送祐之弟歸浮梁『無情最是江頭柳……』卷十一葉二

前調　席上分賦得櫻桃『香浮乳酪玻璃盌……』卷十一葉三

太常引　壽韓南澗尚書『君王著意履聲間……』卷十二葉三

杏花天　無題　『病來自是於春嬾……』卷十二葉六

霜天曉角　旅興　『吳頭楚尾……』卷十二葉十一

一絡索　閨思　『羞見鑑鸞孤却……』卷十二葉十六

〔說明〕右三十二首皆見四卷本之甲集。可斷爲丁未（先生四十八歲）以前作。其中或尚有數首可推定作年者。容再考。

十五年戊申四十九歲

在上饒家居。

是年元旦門人范開輯稼軒詞甲集成。自爲之序。

〔考證〕序文云『……揮毫未竟而客爭藏去。或閑中書石。興來寫地。亦或微吟而不錄。漫錄而焚稿。以故多散逸。』可見先生作品在中年以前其失傳者已甚多。范序又言『裒集才逾百首。皆親得於公者。』考此百首中罷官後家居之作逾半。固由閑居吟詠較多。抑宦遊時范未相從。無從收集也。序又云『公一世之豪。方將斂藏其用以事清曠。』知作序時先生已不在官矣。

是年春夏間。陳同甫亮有與先生書。先生當亦有答書但已佚歲杪同甫來訪。先生與偕遊鵞湖。並約朱元晦會於紫溪。元晦未至。考證詳下

〔編年詞〕蝶戀花　戊申元旦立春作　『誰向椒盤簪綵勝……』卷八葉十五

〔考證〕此詞信州本只題「元旦立春」四字。乙集本有「戊申」二字。花菴詞選本同。

沁園春　戊申歲奏邸忽騰報謂余以病挂冠因賦此『老子平生……』卷二葉二

〔考證〕舊譜於丙午丁未兩年皆云『帥江西』於本年始云『以言罷江西安撫任。』其根據即在此詞題。（舊譜又引鷓鴣天別司馬漢章大監詞『三年歷徧楚山川』句爲旁證謂自丙午至戊申恰三年亦大誤司馬大監於淳熙四年丁酉在豫章餞先生明見於水調歌頭詞題距戊申十一年前矣）果爾。則直至本年先生尚服官在外。非惟甲集中所載家居作品數十首都無着落。且本傳明言『以言者落職』而此題又言『以病挂冠。』究竟先生之去爲被劾耶。爲引疾耶。且其去若在『奏邸騰報』後。則因騰報乃引疾。未免無恥。騰報猶不去。更待論劾。無恥益甚。孰謂以先生之人格而有此。故吾敢斷定先生之被劾去官。已在兩年以前。今在山中忽見邸報有此訛傳。殊覺可笑。故賦詞以解嘲。（非如此則詞題及詞句皆成爲無意味）今全錄原文。加以解釋如下。

『老子平生。笑盡人間。兒女怨恩。況白頭能幾。定應獨往。青雲得意。見說長存。抖擻衣冠。憐渠無恙。合挂當年神武門。都如夢。算能爭幾許。雞曉鐘昏。此心無有親冤。況抱甕年來自灌園。但淒涼顧影。頻悲往事。殷勤對佛。欲問前因。卻怕青山。也妨賢路。休鬥尊前見在身。山中友。試高吟楚些。重與招魂。』

先生落職。本緣被劾。而邸報誤爲引疾。詞中『笑盡兒女怨恩』『此心無有親冤』謂胸中絕無芥蒂。被劾與引退原可視同一律也。『白頭能幾。定應獨往。』『衣冠無恙合挂當年神武門。』言早當勇退。不必待劾也。『都如夢。算能爭幾許。鷄曉鐘昏。』言邸奏竟爲我延長若干年做官生涯。然所差能幾。不足較也。『抱甕年來自灌園』『淒涼顧影頻悲往事』此明是罷斥後情狀。若猶在官。安得有此語。『卻怕青山也妨賢路』極言憂讒畏譏。恐雖山居猶不免物議也。『山友重與招魂』言本已罷官。邸奏又爲我再罷一次山友不妨再賦招隱也。如此解釋。則詞句及詞題之意皆明。益可證當時之不在江西帥任矣。因本年先生出處蹤跡與編年詞之排比極有關係。（有數十首發生問題）而本詞題又最易滋誤會。故不憚詳辨如右。

賀新郎　陳同父自東陽來過余……『把酒長亭說……』（卷一葉九）

〔考證〕詞題全文云。『陳同父自東陽來過余。留十日。與之同游鵞湖。且會朱晦菴於紫溪。不至。飄然東歸。既別之明日。余意中殊戀戀。復欲追路。至鷺鷥林。則雪深泥滑。不得前矣。獨飲方村。悵然久之。頗恨挽留之不遂也。夜半投宿吳氏泉湖四望樓。聞鄰笛悲甚。爲賦乳燕飛以見意。又五日。同父書來索詞。心所同然者如此。可發千里一笑。』案鵞湖勝遊。朱陸之後。復有辛陳。此地眞足千古矣。同父與辛幼安殿撰書（金華叢書本龍川集卷二十一）云。『今亦甚念走上饒。因入崇安。但既作百姓。當此田蠶時節。只得那過秋杪。』卽兩公會晤以前商略行程。及時日走上饒。爲訪先生。入崇安。則訪朱晦菴也。知其在本年者。晦菴戊申答陳同父書（嘉靖本朱子大全集卷廿八）云。『……鄙意到此。轉覺懶怯。……更過五七日便是六十歲人。近方措置種得幾畦杞菊。若一脚出門。便不得此物喫。不是小事。奉告老兄。且莫相攛掇。留取閑漢在山裏咬菜根。……來諭恐爲豪士所笑。不知何處更有豪士笑得老兄。勿過慮也。』玩語意。知是同父有書與晦菴約爲紫溪之會。晦菴不來。而以諧語相謝也。（輿地紀勝云。『紫溪在鉛山縣南四十里。』又云。『鵞湖在鉛山縣南十五里。』時朱子方居崇安。與鉛山緊相接壤。紫溪南卽分水嶺。過此便入崇安界矣。約會於此。蓋欲免朱之遠涉也。）此時先生與晦菴似尚未識面。故同父與先生書有云。『四海所係望者。東序惟元晦。西序惟公。又覺戛戛然若不相入。甚思無箇伯恭在中間撋就也。』同父所以「攛掇」晦菴出遊。殆亦有「在中間撋就」之意。其與晦翁書『恐爲豪士所笑』云云。豪士當卽指先生。而晦菴復書頗有微詞。蓋尚未交先生。未深知其爲人也同父與先生書中又云『如聞作室甚宏麗。去年亮亦起數間。大有鷦鷯肖鯤鵬之意。』其甲辰冬與朱元晦書（龍川集卷二十）亦言築室計畫中有『度二年可成』語。則同父新居之成。當在丁未。書云『去年亮亦起數間』正是戊申年語。然則辛陳同遊決在戊申無疑矣。

茲遊當在本年臘將盡之數日間。先生詞中『蹙踏松梢殘雪』『剩水殘山無態度。被疏梅料理成風月。』『悵清江天寒不渡。水深冰合。』等句。寫節物已甚明顯。同父和詞云『樽酒相逢成二老。卻憶去年風雪。』已是隔年語矣。朱子答同父書亦云『過五七日便是六十歲人』亦可知作書時正當歲杪也。

〔附辨妄〕詞林紀事引說海云『幼安流寓江南。陳同甫來訪。近有小橋。同甫引馬三躍而馬三卻。同甫怒拔劍斬馬首。徒步而行。幼安適倚樓見之。大驚異。卽遣人往詢。而陳已及門。遂與定交。後十數年。幼安帥淮。同甫尙落落貧甚。乃詣幼安。相與譚天下事。幼安酒酣。因指南北利害云。南之可以幷北者如此。北之可以幷南者如此。錢塘非帝王居。斷牛頭山。天下無援兵。決西湖水。滿城皆魚鼈。飲罷宿同甫齋中。同甫夜思幼安沉重寡言。因酒誤發。若醒而悟。必殺我滅口。遂中夜盜其駿馬而逃。後致書幼安。微露其意。假十萬緡以濟乏。幼安如數與焉。破陣子詞殆作於是時。故題云賦壯詩以寄之。』案此段記事荒謬絕倫——先生之初識同父在臨安。同父與辛殿撰書明言之。所謂江南定交云云。已非事實。先生始終未嘗帥淮。更何從在淮任發生此故事。卽此二事。造謠者之固陋已極可笑。南北利害。不出形勢與事機二者。先生累次奏劄。慷慨直陳於君父之前。曾不稍忌諱。美芹十論及九議具在。可按也。豈待醉後乃有言。更何至因醉言而欲殺友。環視錢塘城。謂其可灌。此正陳同父語。先生曾語此與否未可知。同父方自言之而不憚。豈有因此而妄疑其友欲殺己。且執此爲口實以訛索其友耶。同父功名蹭蹬。卻不甚貧。其乙巳與朱子書云『所幸椀飯粗足。可免營求。』可證也。兩公人格何等磊落峻潔。觀其書詞贈答往復。意氣肝膽相期許。何等肫摯。此段紀事。把兩人皆說成爲陰狠狡險小人之尤。其厚誣賢者甚矣。宋人說部喜憑空造故實。不問其是否有意污衊。要皆不足爲訓。因敍辛陳交誼。故附辨於此。

十六年己酉五十歲

上饒家居。

〔編年詞〕水調歌頭、元日投宿博山寺見者驚歎甚老『頭白齒牙缺……』卷三葉九

〔考證〕詞中有『四十九年前事』句，知是本年作。大清一統志『博山在廣豐縣西南三十餘里臨溪流』又云『博山寺在廣豐縣崇義鄉五代時建』鷲湖寺在鉛山縣北十五里稍北行便入廣豐界 先生與同父別於鵞湖後，踽踽獨歸，在途中度歲除，而以元日投宿蕭寺，正足見其高情逸致。

賀新郎 同父見和再用韻答之『老大那堪說……』卷十一葉十一

〔考證〕此和鵞湖韵也。同父和章有『去年風雪』語，先生再答自當亦在本年。

前調 用前韵贈金華杜仲高『細把君詩說……』卷十一葉十一

〔考證〕此亦和鵞湖韵也，故知爲本年作。仲高名旟，金華蘭谿人，著有癖齋小集。兄弟五人皆字曰高而冠以伯仲叔季幼。葉水心詩所謂『杜子五兄弟，詞林俱上頭』也。陳同父有復杜仲高書龍川集十九極稱其滿江紅詞之『半落半開花有恨，一晴一雨春無力』，『別纜解時風度緊，離觴盡處花飛急』，又云『伯高之賦，如奔風逸足，而鳴以和鸞，叔高之詩，如干戈森立，有吞虎食牛之氣，而左右發春妍以輝映於其間，非獨一門之盛，可謂一時之豪』。其爲人可想見。先生與仲高酬倡詞頗不少，此殆其最初之一首，或由同父介以定交耶。四卷本凡仲高皆作叔高未知孰是

破陣子 爲陳同甫賦壯詞『醉裏挑鐙看劍……』卷八葉四

〔考證〕此詞作年無考，姑以附同父唱和諸詞後。若說部所稱作於先生帥淮時，則無稽之談也。詳見前辨妄

鵲橋仙　己酉山行書所見　『松岡避暑……』卷十葉七

水調歌頭　送信守王桂發　『酒罷且勿起……』卷三葉七

〔考證〕此詞作年無考。然自次年以後任信守者似爲王道夫。則桂發之去任。疑在鄭義舉後王道夫前。此詞或作於本年也。乙集本題作送太守王秉則桂發蓋名秉

沁園春　再到期思卜築　『一水西來……』卷二葉十四

〔考證〕此詞亦不能定爲何年作。據詞中『草堂經歲重來杜老』句。則當與訪泉期思一詞相距非久。期思新居似成於帥閩以前。則此詞之作當在本年或次年。

光宗紹熙元年庚戌五十一歲

上饒家居〔本傳〕久之主管冲佑觀。

〔考證〕主管冲佑觀不知在何年。據傳則落職後『久之』。當在本年或次年也。

〔編年詞〕踏莎行　庚戌中秋二夕帶湖篆岡小酌　『夜月樓臺……』卷七葉十六

二年辛亥五十二歲

上饒家居〔本傳〕紹熙二年起福建提點刑獄。

〔考證〕起任閩憲蓋在本年冬。其赴任則在次年。有浣溪沙詞題可證。詳次年本年蓋始終仍家居也。

〔編年詞〕水調歌頭　送施樞密聖與帥江西　『相公倦台鼎……』卷三葉十

〔定風波〕施樞密聖與席上賦　『春到蓬壺特地晴……』卷八葉二

〔考證〕聖與名師點信州人淳熙十四年除知樞密院事紹熙二年除知隆興府江西安撫使水調歌頭當作於是年定風波或稍前作併錄於此

〔戊申至辛亥所作詞彙錄〕

〔說明〕下列諸詞皆見於四卷本之乙集者乙集爲何人何年所編雖無考然閩中詞不見一首可推定其編成在先生帥閩以前其中雖有少數爲丁未前作補甲集所遺者其大部分蓋皆作於戊申至辛亥四年中先生始終家居上饒生涯最平穩之數年也

水調歌頭　席上用黃德和推官韵壽南澗　『上界足官府……』卷三葉七

臨江仙　即席和韓南澗韵『風雨催春寒食近……』卷八葉七

〔考證〕先生每年皆有壽南澗詞丁未南澗七十壽詞已見甲集此水調歌頭或是戊申作也臨江仙附錄於此

鵲橋仙　和范先之送祐之弟歸侍浮梁　『小窗風雨……』卷十葉七

柳梢青　和范先之席上賦牡丹『姚魏名流……』卷十二葉八

鷓鴣天　送范先之秋試　『白苧千袍入嫩涼……』卷九葉六

定風波　席上送范先之游建業　『聽我尊前醉後歌……』卷八葉二

謁金門　和鄭之五月雪樓小集韵　『遮素月……』卷十二葉十此首信州本無題題據四卷本

醉翁操　頃余從范先之求觀家譜　『長松之風……』卷六葉八

〔考證〕醉翁操詞全題文云：『頃余從范先之（四卷本先作廓之，下同）求觀家譜，見其冠冕蟬聯，世載勳德。先之甚文而好脩，意其昌未艾也。今天子即位，覃慶中外，勳臣子弟無見仕者，命官之。先是朝廷甄錄元祐黨籍家，合是二者，先之應仕矣。將告諸朝，行有日，請余作詩以贈。屬余避謗，持此戒甚力，不得如先之之請。又念先之與余遊八年，日從事於詩酒間，意相得歡甚，於其別也，何能獨恝然。顧先之長於楚詞，而妙於琴，輒擬醉翁操爲之詞，以敍別。異時先之綰組東歸，僕當買羊沽酒，先之爲鼓一再行，以爲山中盛事云。』右詞四卷本在丁集（鵲橋仙以下四首在乙集）。丁集各時代詞皆有，不能確指其作於何年。文中『今天子即位』云云，非光宗則寧宗。然先生自紹熙三年壬子至五年甲寅出帥閩，此三年中絕無與范倡和之作，且丙集全部不見范名（丙集率帥閩後帥越前所作）。題中云『先之與余遊八年，日從事詩酒』，是八年間從未分攜，然則此詞非作於寧宗初元決矣。疑先之蓋自先生罷職歸上饒後始終相隨，八年云者，自乙巳冬至壬子春，首尾八年也。壬子春先生赴閩憲任，先之亦告朝將行，自此二人即不復合并，無唱和痕跡矣。頗疑先之即手編甲集之范開，果爾，則並乙集亦或成於其手，故此兩集別裁皆甚嚴。丙集以下因范不在旁，他人沿舊名續編，不免攙入贋鼎矣。

念奴嬌　和信守王道夫席上韵　『風狂雨横……』（卷二葉四）

清平樂　壽信守王道夫　『此身長健……』（卷十葉十六）

好事近　席上和王道夫賦元夕立春　『綵勝鬥華燈……』（卷十葉十八）

一絡索　信守王道夫席上用趙達夫賦金林檎韵　『錦帳如雲……』（卷十二葉十六）

〔考證〕道夫守信州蓋甚久，集中別有臨江仙一首，題爲『和信守王道夫韵，謝其爲壽。時僕作閩憲』，首

句云『記取年年爲壽客』可知直至壬子年先生官閩時道夫尙在任云『年年爲壽』則在任已多年又可知故諸詞可定爲此數年間作

念奴嬌　再用韻和洪莘之通判丹桂詞『道人原是道家風……』卷二葉六

瑞鶴仙　壽上饒倅洪莘之時攝郡事且將赴漕舉『黃金堆到年……』卷五葉十五

〔考證〕莘之名榯文敏邁長子故壽詞云『歲歲上酒翁壽』又云『相門出相』『周公拜前魯公拜後』時文敏尙健在也錢竹汀洪文敏年譜於紹熙三年條下云『長子榯通判信州』蓋據夷堅志有『紹熙三年秋信州解試時大兒通判州事』語惟志文言其年在任耳並非言始任紹熙三年稼軒已赴閩憲任不復能在饒與洪倡和故莘之倅信當在一兩年以前也又錢譜不得榯之字可據本集補之

念奴嬌　雙陸和陳仁和韻『少年橫槊氣憑陵……』卷二葉三

永遇樂　送陳仁和自便東歸陳至上饒之一年得子甚喜乙集題爲送陳光宗知縣『紫陌長安……』卷五葉九

水龍吟　用瓢泉韻戲陳仁和『被公驚倒瓢泉……』

〔考證〕仁和似是當時上饒縣知縣水龍吟詞中有注云『渠坐事失官』故永遇樂題云『送自汴東歸』度於先生帥閩前已去職矣

沁園春　再到期思卜築『一水西來……』卷二葉十四

念奴嬌　瓢泉酒酣和東坡韻『倘來軒冕……』卷二葉五

前調『洞庭春晚……』同上

水龍吟　瓢泉『稼軒何必長貧……』卷五葉四

前調　用些語再題瓢泉歌以飲客客皆爲之酬　『聽兮淸珮瓊瑤些二……』卷五葉五

〔考證〕大淸一統志。『瓢泉在鉛山縣二十五里。』前所錄詞題有『訪泉於期思得周氏泉』一首。蓋卽此。後此先生遷居鉛山。遂終老於其地。『再到期思卜築』卽營此新居也。事在何年。無從確考。惟集中有浣溪沙一首。題云『壬子春赴閩憲別瓢泉。』則帥閩前已常盤桓於瓢泉之側可知。故今將乙集中涉及期思瓢泉諸作彙列於此。推定爲辛亥前作品。

賀新郎　賦琵琶　『鳳尾龍香撥……』卷一葉八

念奴嬌　戲贈善作墨梅者　『江南盡處……』卷二葉四

前調　詠梅　『疏疏淡淡……』卷二葉四

沁園春　弄溪賦　『有酒忘杯……』卷十二葉五

〔考證〕弄溪似是期思附近勝景。

滿江紅　『家住江南……』卷四葉三

前調　『敲碎離愁……』卷四葉五

前調　『倦客新豐……』同上

鷓鴣天　徐衡仲撫幹惠琴不受　『千丈陰崖百丈溪……』卷九葉五

滿江紅　送徐衡仲撫幹　『絕代佳人……』卷四葉十

〔考證〕四卷本乙集題云『送徐撫幹衡仲之官三山時馬叔會郎帥閩。』可證此詞作於先生帥閩前。

水龍吟　盤園任子嚴安撫挂冠得請客以高風名其堂書來索詞爲賦　『斷崖千丈孤松……』卷五葉二

前調　寄題京口范南伯知縣家文官花　『倚閣看碧成朱……』卷五葉三

前調　題雨巖　『普陀大士虛空……』同上

前調　過南澗雙溪樓　『舉頭西北浮雲……』卷五葉五

〔考證〕集中有南澗雙溪樓詞兩首。四卷本皆作「南劍」。未知孰是。考宋之南劍州爲今福建延平府南平縣治。相傳延津合劍處也。玩兩詞文頗有似題詠此地者。輿地紀勝及其他地志紀南劍有雙溪閣無雙溪樓。而南澗詩餘則有九日登雙溪樓一首。其詞卻非似游歷異鄉者。考鉛山志山川門有雙溪一條註云。『二水發閩界循鵞山流入善政鄉』或南澗建樓其地故先生屢過從也。

前調　別傳先之提舉　『只愁風雨重陽……』卷五葉六

最高樓　用韵答趙晉臣敷文　『花好處……』卷六葉十六

歸朝歡　題趙晉臣敷文積翠巖　『我笑共工緣底怒……』卷五葉十三

〔考證〕大清一統志『積翠巖在貴溪縣西三里』。此或是別一地爲趙晉臣所發見者。晉臣事歷別詳下。

一枝花　醉中戲作　『千丈擎天手……』卷五葉十四

漢宮春　即事　『行李溪頭……』卷六葉三

最高樓　送丁懷忠教授入廣　『相思苦……』卷六葉十五

新荷葉　趙茂嘉趙晉臣和韵見約初秋訪悠然　『物盛還衰……』卷七葉二

前調　再題傅巖叟悠然閣　『種豆南山……』卷七葉一此首不見乙集僅見丁集既與前首同韵知是同時作丁集所收本不限年分也

御街行　無題　『闌干四面山無數……』卷七葉三

前調　山中問盛復之提幹行期　『山城甲子冥冥雨……』卷七葉四

江神子　『梨花著雨晚來晴……』卷七葉九

感皇恩　『七十古來稀……』卷七葉十三

定風波　大醉歸自葛園家人有痛飲之戒故書于壁　『昨夜山翁倒載歸……』卷八葉一

前調　用藥名招婺源馬荀仲游雨岩　『山路風來萬木香……』同上

前調　藥名　『仄月高寒水石鄉……』卷八葉二

前調　賦杜鵑花　『百紫千紅過了春……』卷八葉三

前調　再用韵和趙晉臣敷文　『野草閒花不當春……』卷八葉四此首四卷本失載與前首同韵知是同時作

臨江仙　爲岳母壽　『住世都知菩薩行……』卷八葉七

蝶戀花　用趙文鼎提舉送李正之提刑韵送鄭元英　『莫向樓頭聽漏點……』卷八葉十四

南鄉子　無題　『隔戶語春鶯……』卷八葉十七

鷓鴣天　『陌上柔桑破嫩芽……』卷九葉二

前調　『着意尋春懶便回……』卷九葉四

前調　重九席上再賦　『有甚閑愁可皺眉……』卷九葉六

前調　題上盧橋『清泉奔快……』同上

好事近　送李復州致一席上和韻『和淚唱陽關……』卷十十八頁

菩薩蠻　賦摘阮『阮琴斜挂香羅綬……』卷十一三頁

浣溪沙『未到山前騎馬回……』卷十一十頁

前調　種梅菊『百世孤芳肯自媒……』卷十一十三頁

前調　別澄上人幷送性禪師『梅子生時到幾回……』同上

虞美人　賦荼蘼『翠花泣盡朝來露……』卷十一十五頁

前調　壽趙文鼎提舉『翠屏羅幕遮前後……』卷十一十六頁

前調　用前韻『一盃莫落他人後……』同上

前調　賦虞美人草『當年得意如芳草……』卷十一十六頁

浪淘沙　賦虞美人草『不肯過江東……』卷十一十七頁

前調　送吳子似縣尉『金玉舊情懷……』同上

〔考證〕子似事歷別詳下。丙集與吳子似唱和甚多。乙集只此一首。

南歌子　山中夜坐『世事從頭減……』卷十二一頁

前調　獨坐蔗菴『玄入參同契……』同上

漁家傲　爲余伯熙察院壽『道德文章傳幾世……』

〔考證〕此詞題頗長，不具錄。玩題知余爲信州人也。鵲橋仙之徐伯熙，當卽此人。乙集本余又作金，未知孰是。

杏花天　嘲牡丹　『牡丹比得誰顏色……』卷十二頁六

惜分飛　春思　『翡翠樓前芳草路……』卷十二頁八

生查子　獨遊雨巖　『溪邊照影行……』卷十二頁十三

前調　『青山非不佳……』同上

尋芳草　嘲陳莘叟憶內　『有得許多淚……』卷十二頁十四

憶王孫　秋江送別集古句　『登山臨水送將歸……』卷十二頁十七

三年壬子五十三歲

在閩憲任。〔本傳〕棄疾爲憲時，嘗攝帥。每歎曰：「福州前枕大海，爲賊之淵。上四郡民頑獷易亂。帥臣空竭，急緩奈何。」至是務爲鎮靜。未期歲，積鏹至五十萬緡，榜曰備安庫。

〔考證〕以閩憲攝閩帥，當是本年事。未期歲而備安庫成，先生治績之神速，往往如此。

〔編年詞〕　浣溪沙　壬子春赴閩憲別瓢泉　『細聽春山杜宇啼……』卷十一頁一

〔考證〕本傳稱紹熙二年起提點福建刑獄。據此詞題，知是去年拜命，本年乃赴任也。

山花子　三山戲作　『記得瓢泉快活時……』卷十一頁十三

〔考證〕篇中句云『驀地捉將來斷送老頭皮。』是久罷職後再出山初到任時趣語。亦可見先生宦情已久淡再起非其本意也。

最高樓　慶洪景盧內翰七十　『金閨老……』卷六十五頁

〔考證〕據錢竹汀洪文敏年譜。知景盧以本年登七十。則詞必作於本年也。惟此詞見四卷本乙集中。乙集無閩中詞。或景盧生日在春初。詞仍作於信州耶。

臨江仙　和信守王道夫韵謝其爲壽時僕作閩憲　『記取年年爲壽客……』卷八八頁

〔考證〕王道夫任信守已久。此詞本年五月作。此後道夫似亦去任矣。

水調歌頭　壬子三山被召陳瑞仁給事飲餞席上作　『長恨復長恨……』卷十三頁

〔考證〕集中別有西江月一首題云癸丑正月四日三山被召。知本詞當作於本年臘將盡時。被命戒行。同官相餞。然盡是年迄未離閩境也。

〔友人酬贈文〕朱元晦　熹　答辛幼安啓　朱子文集大全類編第七册卷十一

〔考證〕啓文云『光奉宸綸。起持憲節。』又云『熹苟安祠祿。獲託部封。屬聞繡斧之來。當致鼎裀之問。尚煩縟禮。過委騑緘。』考朱子以紹熙二年四月辭知漳州。三年三月請補祠秩。此時正家居考亭築室方成。殆先生甫履憲任。即專緘通問。故答啓中有『持憲節』『繡斧來』『託部封』『委騑緘』諸語。辛敬甫稼軒集鈔存跋語謂此啓作於慶元四年戊午。大誤。　啓文又云『伏惟某官卓犖奇才。疏通遠識。經綸事業。有股肱王室之心。游戲文章。亦膾炙士林之口。軺車每出。必著能名。制閫一臨。便收顯績。』此數語將先生器識才略及文學天才一齊寫出。眞一時無兩之知己也。

〔編年詩〕游武夷作棹歌呈晦翁十首（辛輯稼軒集鈔存從永樂大典錄出）

〔考證〕此詩散見方輿勝覽一首。武夷志建寧志各一首。鐵網珊瑚具有彼三首而更多六首。共九首。永樂大典又多一首。共十首。且有『呈晦翁』三字。蓋足本矣。玩全詩知爲與朱子同遊之作。本傳云『嘗同朱熹游武夷山賦九曲櫂歌。熹書「克己復禮」「夙興夜寐」題其二齋』是也。惟辛譜謂詩作於慶元六年庚申二月。簡譜則謂作於淳熙十年癸卯。皆大誤——庚申二月朱子垂死。何從同遊。淳熙癸卯先生方帥湖南。何從來遊。鄙志推之。惟本年爲最近於情實。朱子答辛幼安啓結句云『但晤對之有期。爲慼欣而無已』。蓋當時兩先生必已訂期會晤。朱子本年及次年皆家居。（紹熙五年即起知潭州）此兩年先生亦皆在閩。然按答啓中云云。則晤期似不應遲至次年也。又兩先生相見似以此次爲始——淳熙戊申歲暮陳同父約會於紫溪。朱子未至。按同父書中語氣。彼時兩先生似未識面。後此三年間。考兩先生出處踪跡。絕無可以合幷之機會。想先生願見朱子之日既久。（觀祭呂東萊文可知）朱子亦傾仰先生日深。（觀答啓語可知）故先生甫蒞閩憲卽通書謀良晤。非久便親訪武夷精舍相見。益成莫逆也。十首中兩首云『自有山來幾許年。千奇萬怪只依然。試從精舍先生問。定在包犧畫卦前』。『山中有客帝王師。日日吟詩坐釣磯。費盡煙霞供不足。幾時西伯載將歸』。其推挽朱子至矣。

四年癸丑五十四歲

〔本傳〕召見。遷大理少卿。加集英殿脩撰。知福州。兼福建安撫使。……謂閩中土狹民稠。歲儉則糴於廣。今幸連稔。宗室及軍人入倉請米。出卽糶之。候秋賈賤。以備安錢糴二萬石。則有備無患矣。又欲造萬鎧。招强壯。補軍額，嚴訓練，則盜賊可以無虞。事未行……

〔考證〕舊譜皆以任閩憲與任閩帥合在一年。考先生在憲任上雖嘗攝帥，並未眞除。傳文於起福建提點刑獄後，次敍召見授京職，次乃敍知福州兼福建安撫使，明非一時事。奉召在壬子，入見在癸丑春，詞題中時日可稽。故知帥閩決爲本年事也。

〔編年詞〕西江月　癸丑正月四日三山被召經從建安席上和陳安行舍人韵　『風月亭危致爽……』卷十頁九

前調　用韵和李兼濟提舉　『且對東君痛飲……』同上

〔考證〕既有壬子三山被召之水調歌頭（見去年），此題復言三山被召，故知去臘奉命即行，途中度歲，正月四日乃道經建安也。和李作既用前韵，固應同在本年。

瑞鶴仙　南劍雙溪樓　『片帆何太急……』卷五頁十六

〔考證〕南劍，信州本作南澗。此從四卷本丁集。南澗雙溪樓已詳紹熙二年條下。此詞篇末云：『問誰憐舊日南樓老子，最愛月明吹笛。到而今撲面黃塵，欲歸未得。』似是過延平之雙溪閣。或者鉛山縣之南澗雙溪樓正當舟行孔道，爲由閩赴杭所必經（鉛山志云雙溪由閩界流入），先生過此，咫尺里門而不得歸，故生感耶？要之此詞爲本年赴召往還時所作，殆近之。

定風波　三山送盧國華提刑約上元重來　『少日猶堪話別離……』卷八頁三

前調　用韵時國華置酒歌舞甚盛　『莫望中州歎黍離……』同上

前調　自和　『金印纍纍佩陸離……』同上

〔考證〕右三詞同韻，當是同時作。知在本年者，國華爲提刑，蓋繼先生任，云約上元重來，則當作於冬月。國華移漕建安相距甚近且福州亦漕使轄境故可重來去冬先生方由提刑被召赴闕，本年上元不在三山，故知諸詞應作於癸丑冬。所云上元者，甲寅上元也。若乙卯上元，則先生又已歸矣。

菩薩蠻　和盧國華提刑　『旌旗依舊長亭路……』卷十一頁三

滿江紅　盧國華由閩憲移漕建安陳端仁給事同諸公餞別……國華賦詞留別席上和韻　『宿酒醒時……』卷四頁十一

前調　和盧國華　『漢節東南……』同上

〔考證〕國華既以冬間去閩憲任，則凡與彼唱和贈別之詞，皆應在本年，故併錄於此。

〔編年文〕紹熙癸丑登對劄子　稼軒集抄存卷二

〔考證〕此劄力言『荆襄上流爲東南重地』，『荆襄合而爲一則上流重，荆襄分而爲二則上流輕，此南北之所以爲戎攻』，因陳當時官制，荆襄文武官吏皆不能任守土之責，而主張『取襄陽諸郡合荆南爲一路，置一大帥以居之，使壤地相接，形勢不分，首尾相應，專任荆襄之責』。全文大意略如此。時不能用，後此元兵南犯，卒以荆襄分爲二而次第淪沒，臨安遂不可復支。先生不幸言中，有餘痛矣。觀此可知先生雖在邊閫，無一日忘國家大計，而所言未嘗一見采納，無怪其以痛憤悲咤終其身也。

〔友人酬贈詩〕陳止齋傅良送辛卿幼安帥閩詩止齋文集

〔考證〕詩云『三入脩門兩鬢絲。』考先生以淳熙二年乙未、四年丁酉、各召見一次，合此次而三。據詩亦可證眞除閩帥在召見後也。

五年甲寅五十五歲

春間在閩帥任。〔本傳〕……臺臣王藺劾其『用錢如泥沙，殺人如草芥，旦夕望端坐閩王殿。』遂丐祠歸。

〔考證〕丐祠歸在何年，史無明文。惟閩中所作詞頗多，且多有可推定爲去年作者，則截至去年臘盡尚未去任可知。竊疑其丐祠得請當在夏間。試將左列行香子一詞以意逆志，所推或當不謬——

〔編年詞〕　行香子　三山作　『好雨當春……』卷七頁十三

〔考證〕此告歸未得請時作也——發端云『好雨當春，要趁歸耕，況而今已是清明。』直出本意。文義甚明。次云『小窗坐地，側聽簷聲，恨夜來風，夜來月，夜來雲。』謂受讒謗迫擾，不能堪忍也。下半闋云『花絮飄零，鶯語丁寧，怕妨儂湖上閑行。』尙慮有種種牽制，不得自由歸去也。次云『天心肯後，費甚心情，放霎時陰，霎時雨，霎時晴。』謂只要兪旨一允，萬事便了。卻是君意難測，然疑閒作，令人悶殺也。此詩人比興之恉，意內言外，細繹自見。先生雖功名之士，然其所惓惓者在雪大恥，復大讎。既不得所藉手，則區區專閫虛榮，殊非所願。此次出山，實違初志，故甫到任，卽以捉來斷送老頭皮自嘲。及既就職，則任事負責之興復發，不顧時忌，毅然行其所信，而謗者索瘢不已，乃至以『旦夕望端坐閩王殿』相誣。此直指爲謀逆矣，誰復能受？故和盧國華詞云『還自笑，人今老，空有恨縈懷抱。記江湖十載，厭持旌纛。』蓋已知報國夙願不復能償，而厭棄此官抑甚矣。度自去冬今春已累疏乞休，而朝旨沈吟，久無所決，故不免焦急也。然非久畢竟得請矣.

柳梢青　三山歸途代白鷗見嘲『白鳥相迎……』卷十二頁八

〔考證〕此是閩中詞最後之一首.但不能確指爲在何月.

〔附閩中所作詞不能確指年分者〕

賀新郎　三山雨中游西湖有懷趙丞相經始『翠浪吞平野……』卷十一頁

前調　和前韵『覓句如東野……』卷十二一頁

前調　又和『碧海成桑野……』同上

水調歌頭　三山用趙丞相韵答帥幕王君且有感於中秋近事併見之末章『說與西湖客……』卷十一三頁

小重山　三山與客泛西湖『綠漲連雲翠拂空……』卷八十六頁

鷓鴣天　三山道中『拋却山中詩酒窠……』卷九十一頁

前調　『點盡蒼苔色欲空……』同上

前調　用前韵賦梅三山梅開時猶有青葉時予病齒『病繞梅花酒不空……』同上

前調　『桃李漫山過眼空……』卷九十二頁

〔考證〕右三首同用一韵.知是同時作.第二首賦三山梅.故知同屬福州作.

西江月　三山作『貪數明朝重九……』卷十頁九

最高樓　吾擬乞歸犬子以田產未置止我賦此罵之『吾衰矣……』卷六十七頁

〔考證〕此詞題中雖無三山等字樣。細推當爲閩中作。蓋先生之去湖南乃調任。其去江西乃被劾。皆非乞歸也。若帥越時又太老。其子不應不解事乃爾。故以附閩詞之末。

寧宗慶元元年乙卯五十六歲

家居來往於上饒鉛山間。〔本傳〕慶元元年落職。

〔考證〕去年已去官。本年何以復言落職。落職者謂落去所帶館職也。亦名貼職。先生當時之職爲集英殿修撰。宋史職官志云『直祕閣直史館直院謂之館職。以他官兼者謂之貼職。』又云『中興後任藩閫監司者貼職各隨高下而等差之。』又云『集英修撰中興後以寵六曹權侍郎之補外者。』又云『右文殿修撰次於集英修撰。爲貼職之高等。』凡外官貼職〔即帶職〕雖去官後非經處分。其職仍舊。先生帥隆興時加右文修撰。帥福建時加集英修撰。皆被劾落職。實異例也。又去年方乞祠歸。其所得祠秩爲何無考。本年似幷祠秩亦褫去。觀四年戊午『拜復職奉祠之命』詞題可見。〔詳彼年〕

〔編年詞〕水調歌頭　將遷新居不成戲作時以病止酒且遣去歌者故末章及之　『我亦卜居者……』〔卷三頁十四〕

〔考證〕據舊譜。先生遷居鉛山在次年丙辰。則將遷新居不成。或當在本年。姑繫於此。

沁園春　將止酒戒酒杯勿使近　『盃汝來前　』〔卷二頁十四〕

前調　城中諸公載酒入山余不得以止酒爲解遂破戒一醉再用韻　『盃汝知乎　』〔卷二頁十五〕

玉蝴蝶　杜仲高書來戒酒用韻　『貴賤偶然　』〔卷三頁十六〕

漢宮春　卽事『行李溪頭……』卷六頁三

臨江仙　侍者阿錢將行賦錢字以贈之『一自酒情詩性嬾……』卷八頁十

前調　諸葛元亮席上見和再用韵『夜語南堂新瓦響……』同上

前調　再用圓字韵『窄樣金盃教換了……』同上

〔考證〕以上諸詞皆難碻指作年。因水調歌頭題『以病止酒及遣去歌者』語，故類次於此。沁園春詞題『諸公載酒入山』云云，應仍是居上饒時作。蓋帶湖之居在信州附郭，亦名山城，徙鉛後則不復有此稱亦可證。以病止酒係居饒時事也。漢宮春篇中有『知翁止酒』語，知當作於是時。臨江仙後兩首皆用遣侍者阿錢韵，故知是同時作。去年本年所作詞似甚多，既不能一一碻指，姑因止酒事先列舉數首，其餘當在癸亥年彙錄也。

二年丙辰　五十七歲

〔舊譜〕所居燬於火，徙居鉛山縣期思市瓜山之下。

〔考證〕先生徙鉛山年月及舊居燬於火事，集中皆無考。舊譜云云，殆根據所謂鉛山譜者，當可信也。先生自言『帶湖吾甚愛』，晚年忽舍而他徙，頗不可解。既燬於火，當是不得已耳。上饒縣志亦云『帶湖書院，辛稼軒讀書處，因燬遷鉛山之期思鄉』。將遷新居不成詞云『借車載家具，家具少於車』，亦燬後情狀也。

〔編年詞〕歸朝歌　丙辰歲三月三日效介菴體賦菖蒲綠『山下千林花太俗……』卷五頁十二

〔考證〕本詞題甚長節錄如右題首句云『靈山齊菴菖蒲港……』靈山爲信州城鎮山知此詞仍作於上饒

〔編年詩〕和趙昌父問訊新居之作

〔考證〕此新居決爲期思新居因昌父是此時期間酬唱朋侶帶湖卜居時似未相往還也詩中有『疇昔人憐翁失馬只今自喜我知魚』句失馬似指舊居見燬

三年丁巳五十八歲

家居鉛山

四年戊午五十九歲

家居鉛山〔本傳〕四年復主管沖佑觀

〔考證〕舊譜謂本年起任浙帥大誤本傳於主管沖佑觀下明云久之起知紹興府蓋帥越在嘉泰三年癸亥冬距本年尚有六年故云「久之」也別詳彼年條下

〔編年詞〕鷓鴣天　戊午拜復職奉祠之命　『老退何曾說著官……』卷九十三頁

〔考證〕全詞云『老退何曾說著官今朝放罪上恩寬便支香火眞祠俸更綴文書舊殿班扶病脚洗衰顏快從老病借衣冠此身忘世渾容易使世相忘卻自難』案文知是復予祠祿並復其集英殿脩撰舊職也是時韓侂胄當國或欲收攬時望故敷衍先生所謂使世相忘卻自難也然先生宦情之闌珊誦詞文可見乃世有以壽韓詞嫁名先生者用此詞作反證其僞已不辨自明矣

〔友人酬贈文〕朱晦菴　鉛山辛氏家譜序

〔考證〕此文不見朱子集。惟辛敬甫輯稼軒集抄存於雜錄文中案語引其斷句（未錄全文）云。『戊午公復起來主沖佑觀益相親切』敬甫親見鉛山譜。殆必有此文。惟是否朱子作。抑辛氏後人託名借重。則未見全文。不敢斷也。宋制奉祠只支秩祿。並無到該管宮觀任職之事。惟沖佑觀在武夷山中。風景當絕佳。先生或借此遊武夷。亦在情理中。則譜序云云或亦事實。故過而存之以待再考。

五年己未六十歲

家居鉛山。

〔編年詞〕蘭陵王　己未八月二十夜託夢　『恨之極……』（卷一葉六）

〔考證〕此詞題甚長僅節大意如右。詞文恢詭寃憤。蓋借以攄其積年胸中磈磊不平之氣。

哨編　秋水觀　『蝸角鬬爭……』（卷一葉一）

前調　用前韵　『一壑自專……』（卷一葉二）

〔考證〕第二首有『試回頭五十九年非』語。知是本年作。第一首既爲同韵原唱。則亦同時作也。鉛山志云『秋水觀在縣東二十里』。蓋距瓢泉甚近。他詞題中所謂「秋水瀑泉」「醉眠秋水」等皆指此。

六年庚申六十一歲

家居鉛山。

是年三月友人朱熹卒。〔本傳〕朱熹歿。僞學禁方嚴。門生故舊至無送葬者。棄疾爲文往哭之

〔編年詞〕感皇恩　讀莊子聞朱晦庵卽世　『案上數編書……』卷七葉十四

〔編年文〕祭朱晦菴文

〔考證〕全文已佚。惟本傳錄存四句云。『所不朽者。垂萬世名。孰謂公死。凜凜猶生。』

伯兄所著辛稼軒先生年譜屬稿於十七年九月十日不旬日而痔瘡發乃於同月之二十七日入協和醫院就醫病榻岑寂惟以書自遣無意中獲得資料數種可爲著述之助遂不俟全愈擕藥出院於十月五日回天津執筆側身坐繼續草此稿如是者凡七日至月之十二日不能支乃擱筆臥牀旋又到北平入醫院遂以不起譜中錄存稼軒祭朱晦翁文至凜凜猶生之「生」字實伯兄生平所書最後之一字矣時則十二日午後三時許也稼軒先生卒於寧宗開禧三年丁卯九月初十日年六十又八此譜止於六十一歲尚缺七年未竟

十八年十一月十二日啓勳謹跋